英国“普职融合”的资格证书框架体系研究

沈　雕　著

重庆大学出版社

内容提要

本专著共分7章，分别是英国"普职融合"资格证书框架体系的背景、历程及理论基础；英国"普职融合"资格证书框架体系的管理；英国"普职融合"资格证书框架体系的设计与开发；英国"普职融合"资格证书框架体系的质量保障；英国"普职融合"资格证书框架体系的主要内容；英国"普职融合"资格证书框架体系的特征与效果、问题与不足；英国"普职融合"资格证书框架体系对我国构建国家职业资格证书框架体系的启示。本专著围绕英国职业教育改革的大背景，系统介绍了其资格证书框架体系的变革历程，以及各个阶段框架体系的内容及特征，具有较强的针对性、探索性和实用性。本专著可以作为从事英国资格证书框架体系研究的学者、职业教育专业学生以及爱好者的参考用书。

图书在版编目(CIP)数据

英国"普职融合"的资格证书框架体系研究 / 沈雕著. -- 重庆：重庆大学出版社，2019.4
ISBN 978-7-5689-1258-7

Ⅰ.①英… Ⅱ.①沈… Ⅲ.①资格认证—教育研究—英国 Ⅳ.①G556.1

中国版本图书馆CIP数据核字(2018)第166672号

英国"普职融合"的资格证书框架体系研究

沈 雕 著
策划编辑：周 立
责任编辑：李桂英 王 倩　　版式设计：周 立
责任校对：关德强　　责任印制：张 策

*

重庆大学出版社出版发行
出版人：易树平
社址：重庆市沙坪坝区大学城西路21号
邮编：401331
电话：(023) 88617190 88617185(中小学)
传真：(023) 88617186 88617166
网址：http://www.cqup.com.cn
邮箱：fxk@cqup.com.cn (营销中心)
全国新华书店经销
重庆俊蒲印务有限公司印刷

*

开本：787mm×1092mm 1/16 印张：12.25 字数：176千
2019年4月第1版 2019年4月第1次印刷
印数：1—800
ISBN 978-7-5689-1258-7 定价：48.00元

序

当今世界，随着经济全球化和信息技术的广泛运用，任何一个渴望发展的国家都不能脱离世界轨道。只有融入世界秩序，广泛地吸收世界各国以及不同文明的好经验、好做法，这个国家才能在社会发展和文明繁衍中永不停步。中国 40 年的飞速发展，就是我们敞开怀抱博采众长的结果。改革开放不仅把中国重新拉回到世界强国的行列，也让中国的职业教育实现了质的飞跃。

改革开放以来，我国不仅建立起了世界最大规模的职业教育体系，而且培育了数以亿计的技术技能人才，为国家经济社会飞速发展做出了积极贡献。虽然我国职业教育取得了举世瞩目的成绩，但也面临着前所未有的挑战。在习近平新时代中国特色社会主义思想指导下，如何构建具有中国特色的现代职业教育体系，如何推进普通教育与职业教育融合（即“普职融合”）发展，如何让职业教育在终身教育体系构建中发挥更大的作用，成为职业教育的时代主题和必须破解的现实难题。西方国家特别是英国，率先通过建立国家资格证书框架体系（National Qualification Framework，NQF）推动职业教育改革，为终身教育和“普职融合”开辟了广阔空间。本专著正是基于全球教育改革的视角，深入研究英国“普职融合”的资格证书框架体系，以期为我国的职业教育改革提供参考和借鉴。

本专著主要分为以下5个部分:

首先是英国"普职融合"资格证书框架体系植根的时代土壤。20世纪下半叶,随着大英帝国解体,英国的政治地位和国际影响力也日渐衰落。为重振英国昔日雄风,80年代,撒切尔夫人执政期间强力推进改革,其中,推行了国家职业资格证书制度(National Vocational Qualifications,NVQs),建立起英联邦统一的职业资格证书框架体系。这在此次改革中尤为显著,也成了英国"普职融合"资格证书框架体系改革的起点。而后,历届政府都致力于探索推进教育资格与职业资格证书融合的道路,促进各级各类教育/资格证书的可比对、可融通、相互衔接,以此全面落实终身教育并增强英国教育的国际竞争力。其发展大致分成萌芽期(1986—1999年)、形成期(2000—2007年)和成熟期(2008年至今)3个阶段。英国资格证书框架体系"普职融合"之路有其独特的理论渊源,其中,终身教育、全纳教育理论是核心理论来源,新职业主义理论是其直接理论来源,而多元智力理论则是其路径理论选择,当然也受到诸如结构主义与解构主义等理论和思潮的影响。

其次是英国"普职融合"资格证书框架体系的设计和开发。从改革之初到今天,英国资格证书框架体系主要采用3级管理模式,形成了联邦政府、各邦国管理机构和颁证机构的3级管理体制,联邦政府充分放权给地方政府和颁证机构,为资格证书框架体系的建构提供了强大的组织保障和资源保障。资格证书框架体系的设计建构是一项系统而复杂的工程,英国政府首先确立了提升终身学习和资格证书质量两大主要目标,同时考虑到框架体系的内容边界、管理机构等其他设计特征,以证书等级和等级特征描述作为框架体系的核心技术要素,从规范资格证书的标准、颁证机构的标准、考评过程的标准来确保资格证书的质量以及框架体系的执行,从而构建出独具英国特色的资格证书框架体系,引入学分管理概念后又发展成为资格与学分框架体系(Qualifications and Credit Framework,QCF)。

再次是英国"普职融合"资格证书框架体系的内容及机制。2000年建立的国家资格证书框架体系,将普通中等教育、职业教育与培训的各种外部资格证书都纳入其中,框架体系的等级分为入门级和1~5级。2004年,英国政府把高等教育资格证书纳入框架体系,于是对国家资格证书框架体系进行了修订,将其调整为9级。2008年,英国政府又在国家资格证书框架体系中引入学分累积的理念,宣布建立资格与学分框架体系。该框架体系基本沿袭了国家资格证书框架体系的结构,依然分为从入门级、1~8级的9级证书体系,只是从学习量(学分)和难易程度(等级)两个维度,更加简单明了地呈现出这种框架结构。证书类型则按照学分数的多少分为证明(Award)、证书(Certificate)和文凭(Diploma)3种类型,把证书的类型、难度和学分数更加直观地通过名称反映出来。2007年以后,英国14岁及以上年纪的所有学习者都会得到一个属于自己的"唯一学习者编号",在完成框架体系内资格证书或者单元的学习后,只要通过颁证机构的考评认证,就可以将自己的学习成果载入终身学习成就记录仪。

另外是英国"普职融合"资格证书框架体系的实施效果。该体系在实施过程中,表现出十分鲜明的个性特征,包括"普职融合"的理念实践、成果导向的考评模式以及终身记录的学习成果等。英国国家资格证书框架体系的实施,使其本国的颁证机构、证书类型、证书数量取得了长足进步,从而推动了英国的教育发展和社会发展。同时,一些世界或区域组织,如世界经合组织(OECD)、国际劳工组织(ILO)、世界银行(WB)、欧盟(EU)也积极参与了资格证书框架体系项目,全球有近100个国家和地区学习借鉴、推广应用英国"普职融合"的资格证书框架体系,它们丰富和发展了资格证书框架体系的内容与形式。

最后是对我国构建国家职业资格证书框架体系的启示。虽然我国推行职业资格证书制度已有很长时间,但我们的职业资格证书还很混乱,比如立法体系尚未完全形成,"证出多门"现象还很突出,"普职融合"还十分困难等。因此,我们要学习英国"普职融合"资格证书框架体系改革以及世界多国探寻推广的成功模式,在国家职业资格证书框架体系中引入"普职融合"的理念,实施全国统一的管理,推广"学分单元"的应用以及学习考评方式的变革,从构建全国统一的国家职业资格证书框架体系入手,逐步建构我国"普职融合"的资格证书框架体系。

笔者查阅了100余份英国政府或者行业组织的原始文件和规定,通过思辨溯源和案例实证的方式，原汁原味地介绍了英国“普职融合”的资格证书框架体系情况。研究侧重于资格证书框架体系的管理体制、设计开发、主要内容等内部要素，由于篇幅限制对其政策法规、资金支持和资源整合等外部环境研究不够，此乃本书的遗憾之处。

本专著不仅是笔者在攻读博士期间的研究成果，也是教育部创新行动计划“基于促进职业技能培养与职业精神养成相融合的实践性研究”成果的一部分。因此，笔者要特别感谢恩师西南大学徐辉教授的指导和课题组成员的关心帮助，没有你们的思想、智慧和心血，不可能有本书的出版。“单丝不成线，独木不成林”，愿课题组的同仁们精诚团结，再创佳绩，勇攀真理高峰！

沈　雕

2019 年 1 月 11 日

目　录

绪　论

一、研究缘起

自 20 世纪 60 年代联合国教科文组织提出终身教育的理念以来，世界各国逐渐认识到终身教育、终身学习的重要意义，并将之作为国家发展和个人生活的重要内容予以落实。多国都不约而同地把建立国家资格证书框架体系（National Qualification Framework，NQF），作为推动终身教育、终身学习的重要手段，一些世界或区域组织，如世界经合组织（OECD）、国际劳工组织（ILO）、世界银行（WB）、欧盟（EU）也积极参与了资格证书框架体系项目。英国最早探索、建立国家资格证书框架体系，率先推进职业教育与普通教育资格证书融合，为终身教育和终身学习开辟了广阔空间。“普职融合”资格证书框架体系的建立，是英国资格证书制度改革的重要成果，不仅引领、推动了欧洲资格证书框架体系一体化进程，也成为世界各国构建资格证书框架体系的重要参考。

（一）终身教育已经成为全球教育的共同价值追求

在 1965 年联合国教科文组织（UNESCO）主持召开的成人教育促进国际会议期间，时任联合国教科文组织成人教育局局长保罗·朗格朗（Parl

Lengrand)正式提出“终身教育”这一概念,此后,终身教育理念在世界各国广泛传播。终身教育理念的提出,有深厚的经济社会发展背景和个人全面发展的需求。第二次世界大战后,科学技术发展日新月异,经济社会全面繁荣,这些变化对个人的生存发展提出了新的要求。我们每个人,除非脑死亡或精神病,都需要继续获得新知识,学习处理问题的新方法,了解应对生活的新方式,只有这样才能适应时代发展的新要求。终身教育理念正是契合了这一时代要求,所以才得到世界各国的广泛认可和积极响应,并且经过数十年的发展,具备了丰富的内涵。研究终身教育并赋予其较为权威内涵的专家学者主要有保罗・朗格朗、R.H.戴维以及 E.捷尔比等人,关于终身教育问题的重要文献论述主要见于教科文组织出版的《终身教育导论》《今日的教育为了明日的世界》《学会生存——教育世界的今天和明天》以及《教育——财富蕴藏其中》等论著中。这些专家学者以及重要文献中关于终身教育的论述,不仅丰富了人们对于终身教育概念本身的认识,而且为世界各国落实终身教育提供了强大的理论支撑和方法指导。

美国是世界上最早推行终身教育和学习终身化的国家之一。作为战后世界格局划定者和经济腾飞引领者的美国,由于收入的大幅增长和自由时间的增多,机会平等化要求的实现、教育制度的开放化和经济增长速度缓慢造成的竞争激烈化等因素,人们有了继续学习以及进一步自我提升的需要,国家也有了推行终身教育的强大经济支撑。1966 年美国颁布《成人教育法》,确立了成人教育的法律地位,为其终身教育的有效开展奠定了良好的基础;1976 年制定《终身学习法》,也称《蒙代尔法》,该法确立了终身学习在美国的法律地位,成为终身学习从思想理论到社会实践运动的标志;1980 年颁布《中学后继续教育法》,指出高等教育院校具有丰富的人力资源和智力资源,应在中学后教育中发挥重要的作用;等等。美国不仅确立了终身教育和终身学习的法律地位,而且成立相关专门机构“终身学习者联盟委员会”“国家中学后教育、图书馆与终身教育研究院”,通过社区学院、成人学校、开放大学、高校、企业以及专业组织等教育培训机构全面落实终身教育。美国还创造性地利用开放大学推行学分银行制度,其基本做法是,学生开户时向开放大学提交文凭或其他证明个人学术水平的资料,经开放大学审核,评议出学分后可存入学分银行。日后,学生通过任何形式的学习达到更高的水平时,可随时采取同样的手续向“学分银行”申请增加储蓄。当学分总数达到选修学位所需学分标准的一半时,即可转入开放大学正式攻读学位。

在德国,终身教育被认为是人们进一步提升职业技能和社会适应能力所必须经历的教育。德国的终身教育以职业教育和成人教育为主体。1990年,德国联邦议会的研究委员会发表《未来的教育政策:教育 2000》总结报告书。这份报告书主要是为德国未来的教育政策提供建议与方向, 继续教育与终身教育、终身学习是其中的一项重要主题。报告书强调了人人能平等地接受教育、教育伴随终身等内容。它还提到高等教育机构应为人人开放,无论男女均享有均等机会在高等教育机构中继续接受教育。1997 年,德国联邦教育与研究部在联邦议会中作的题为《终身学习:职业继续教育的情况与展望》的报告特别强调,教育政策的目标,必须促使职业继续教育成为整合的教育体系的一部分;终身学习无论对个人、组织或社会而言,都极为必要,每个人都将被激励与支持参与终身学习。德国推行终身教育主要有以下 3 个特征。第一,实行“双证制”教育。“双证制”(双证书)教育是指在同一套课程内既提供职业资格又提供升学资格的教育形式。“双证制”教育的毕业生既具备继续上大学深造的资格,又具备从事一种专门职业的资格。第二,实行带薪教育休假制度。德国的带薪教育休假制度是指政府每年给予劳动者 10 天左右的教育假,休假期间的学习内容广泛,并不局限于职业教育,并给予一定的经济资助。第三,定期举行继续教育学习节活动。德国自 1998 年起每年以“塑造和开展继续教育”为主题举办学习节活动。

日本作为世界经济大国、教育大国,率先进入实践终身教育这一新思想的行列,把构建终身学习社会作为面向 21 世纪的综合战略,不仅颁布了《终身学习振兴法》,还成立专门的行政机构在财政上给予大力支持。尤其是 20 世纪 90 年代以来,在法律的框架下,日本政府充分发挥其行政、财政功能,民间团体、组织也积极响应,在全国兴起了终身学习热,成绩斐然。日本的终身教育行政政策主要有以下3个特征。第一,形成行政助成政策。第二次世界大战以后,日本终身教育的一个重要特点是逐渐形成了行政助成政策,行政助成政策是指在法制化的基础上,尽可能减少国家行政权力对社会教育活动的干预与介入。第二,设立终身学习局。1988年,日本文部省进行机构改革,新设终身学习局,撤销原社会教育局,并在终身学习局下改设社会教育课,这是终身教育迈向制度化进程的一大标志。终身学习局是日本终身学习的最高领导机构。第三,终身教育专职人员的培养由各类大学承担。从事社会教育工作的专职人员的培养,是由遍布全国各地的国立大学及部分公立或私立大学来承担的,多年来已经形成一个从本科到博士研究生的培养网。经过十几年的发展,日本的终身教育不仅对国民生活,而且对日本的文化和经济建设都产生了重大影响。这些影响首先表现在终身教育对社会的改造作用上。日本的终身学习绝不仅仅是学校教育的问题,不是简单意义上的“学习”问题,而是把学校教育、家庭教育和社会教育有机地结合在一起。同时,终身学习还促进了社会文化、体育、健康、闲暇活动的整合,促进学习活动与职业活动以及社会、企业、学校、传媒等以学习为纽带建立联系,形成新的社会活动样态。其次表现在终身教育对文化的促进作用上。终身教育不仅体现在中小学的基础教育“在宽松的环境中培养生存能力、创造能力”,还体现在大学公开讲座普及大众的科学意识及对现代问题的解决能力等方面。日本的终身教育充分体现了文化的大众性、继承性和创造性。另外,终身教育的影响还表现在其对经济的促进作用上。日本终身教育有助于教育产业和闲暇经济的发展,例如,计算国内生产总值(GDP)的主要项目有投资、消费和出口,由于除文部省以外的其他省厅也参与到终身学习事业中,因而扩大了内需,增加了投资、消费,从而增加了国民经济收入。另外,根据日本通产省的统计,日本“终身学习市场”的收入,1985年为2 211万亿日元,1990年为2 815万亿日元,2000年达4 215万亿日元,呈逐年增加的趋势。除以上直接经济效益以外,一些间接经济利益更是无法用数字来计算的。

(二)推行资格证书制度是英国落实终身教育的重要举措

英国是西方成人教育的发源地之一,也是世界上较早提出终身教育思想的国家,其终身教育理念主要源于其成人教育实践的沃土。早在1926年,英国成人教育专家耶克斯利在其专著《终身教育》中就系统表述了终身教育的观点。而英国以成人教育为主体的继续教育,在教育体系中的正式地位始于《巴特勒法案》,即《1944年教育法》。20世纪60年代联合国教科文组织广泛推广终身教育理念后,终身教育的理论研究和实践探索在英国重新升温。1972年出台的《拉塞尔报告》,采用了"永久教育"的提法,建议重新组织英国的教育体系,以适应人们对教育的终身需要。20世纪80年代后,终身教育和终身学习的理念深入人心,研究成果也日趋丰富。1982年,以终身教育作为主要研究焦点的全球性教育杂志《国际终身教育杂志》在英国问世,英国开始逐渐引领国际终身教育研究潮流,这些理论研究为其终身教育的实践探索提供了十分重要的指导。

根据对英国终身教育的实践考察,我们发现了以下特点。一是聚焦16岁后的学习教育。英国的终身学习政策以16岁后学生及成人的学习为主,其终身学习绿皮书《学习的时代》明确指出其关注焦点是16岁以后的学习,而后又在1996年公布的教育白皮书《学会成功:16岁后学习新框架》中再次明确。二是以技能教育为主,促进就业和经济增长。英国政府从20世纪80年代就开始全面推行国家职业资格证书制度,让终身学习不仅可以阶段学习、过程监控,而且可以结果量化和有效证明。2001年,英国政府将教育和就业部更名为教育和技能部,充分体现了对技能培养的重视程度。三是公平、平等和全纳。《肯尼迪报告》指出,公平和平等必须在教育增长的争论中占有一席之地,不能忽视社会团结的重要性。《迪尔林报告》指出,应通过扩大某些少数民族群体和学习障碍者的参与来促进参与机会的平等。英国终身教育无论是关注16岁后学生及成人的学习教育,突出技能教育,还是体现公平、平等和全纳原则,其具体落实主要是在继续教育体系和高等教育体系中实现的,而英国资格证书制度正是其推进终身教育的重要举措。20 世纪 80 年代,英国开始构建国家职业资格证书框架体系,以此规范社会上的职业标准,打造全新的职业教育体系,更好地服务于终身教育和终身学习需要。1986 年英国推出了国家职业资格证书(National Vocational Qualifications,NVQs),该证书是一种针对在职人员开发的岗位资格证书,主要对象是完成义务教育的中学毕业生及 16 岁以上的青少年。1993 年,英国又针对高中阶段学生开发出基于中学和继续教育学院的国家普通职业资格证书(General National Vocational Qualifications,GNVQs)。2000 年,英国资格证书与课程管理局(Qualifications and Curriculum Authority,QCA)建立起融合普通教育与职业教育的教育/资格证书框架体系即国家资格证书框架体系,相继在 2004 年和 2008 年加以优化完善并与欧洲资格证书框架体系(European Qualification Framework,EQF)接轨。到目前为止,从向接受教育对象所颁发的证书看,英国既有中等教育高级证书,也有职业资格证书、学徒证书,还有文凭、高级文凭;从这些证书所属的层次看,低可至基础学习证书、中等教育普通证书,高可到高等教育证书、国际高级文凭等,可以说是涵盖了从初等教育到高等教育各个层次的各种教育,这些证书都被统一到了国家资格证书框架体系之中。

(三)“普职融合”的资格证书框架体系是英国证书制度改革的重要成果

为了建立政府统一管理、全面覆盖的资格证书框架体系,1997 年英国国家职业资格委员会(the National Council for Vocational Qualifications,NCVQ)和学校课程评审委员会(the School Curriculum and Assessment Authority,SCAA)合并,成立资格证书与课程管理局。该机构是代表政府具体负责在全国范围内管理职业资格证书和普通教育证书的权威部门,这两个部门的合并从政府层面结束了职业教育与学历教育分隔管理的局面，也结束了职业资格证书与普通教育证书互相分隔的格局，从而真正开启了职业资格证书与普通教育证书的一体化道路。英国的资格证书自古以来就种类繁多，包括高级水平证书（A-Levels）、普通中等教育证书（GCSEs）、国家职业资格证书、国家普通职业资格证书等，并且职业教育证书与普通教育证书互不等值，互不衔接。为了让不同的资格证书相互衔接比较，2000 年，资格证书与课程管理局联合威尔士课程与评价局（ACCAC）和北爱尔兰课程、考试及评估委员会（CCEA）发布了《英格兰、威尔士、北爱尔兰外部资格证书管理规定》（*Arrangements for the Statutory Regulation of External Qualifications in England, Wales and Northern Ireland*）。至此，资格证书与课程管理局宣布英国建立起国家资格证书框架体系，将所有外部资格证书放入这一体系，当然不包括高等教育资格证书，该体系共分为 6 级。为配合国家资格证书框架体系，2001 年英国高等教育质量保障委员会（Quality and Assurance Agency for Higher Education ，QAA）将高等教育的各种证书汇集一体，宣布实施高等教育资格证书体系，高等教育学士以下层次的资格证书实现了与其他资格证书的等值互换，并且职业资格 3 级以上证书持有者可以申请学士甚至更高层次的高等教育资格证书，不受传统学校教育模式的影响。

英国国家资格证书框架体系的建立不仅是 21 世纪英国证书制度的重要成果，而且推动了欧洲资格证书框架体系的一体化发展。2002 年 6 月，欧盟理事会通过决议，要求欧盟委员会和各成员国密切合作，借鉴英国经验建立一个认可教育和培训领域的资格证书框架体系。同时，英国也不断优化和完善其资格证书框架体系。2004 年，为了与欧洲资格证书框架体系接轨，以及进一步促进各级各类证书的互通互认，英国资格证书与课程管理局对国家资格证书框架体系进行了修订，将原来的 6 级证书制调整为 9 级证书制，这样职业资格证书在高等教育层次与高等教育资格证书完全对应，至此，英国国家资格证书框架体系已经基本能够对所有资格证书进行较为明确的定位，并使各类资格证书有了比较的平台。这可以说是英国在教育领域的一个创举,其经验和做法既符合终身教育的理念,也符合民主人权的平等原则。

2008 年 8 月,英国高等教育质量保障委员会对 2001 年发布的高等教育资格证书框架体系进一步修订完善,对原有高等教育层次证书各级别的分类进行了细化,对各级别的内容要求和学习要求进行了更为详细的阐述,使高等教育证书更好地与职业资格证书对应。同年 8 月,英国资格证书与考试中心(Office of the Qualifications and Examinations Regulator, Ofqual)宣布建立国家资格与学分框架体系(Qualifications and Credit Framework, QCF),也就是在原有国家资格证书框架体系中引入学分累积晋级的理念。资格与学分框架体系将所有的资格证书分为难度和学习量 2 个维度来考量,内含学分、学习单元、级别、学分量和资格5 个要素,并沿袭了国家资格证书框架体系对资格证书级别的划分。学分累积的创新,大大简化了外部资格证书比较的复杂性,使得“普职融合”变得更加具有可操作性。

(四)英国资格证书框架体系可为我国完善职业资格证书体系提供参考

落实终身教育是世界各国教育改革发展的共同趋势,也是我国教育改革和社会发展的重要任务。1993 年我国制定实施的《中国教育改革和发展纲要》,明确提出要大力发展成人教育,视其为“传统学校教育向终身教育发展的一种新型教育制度”,从此,成人教育成为落实终身教育的重要形式。1995 年的《中华人民共和国教育法》提出要“健全终身教育体系”,此外,“发展继续教育,构建终身教育体系”也被写进了 2002 年党的十六大报告。2006 年《中共中央关于构建社会主义和谐社会若干重大问题的决定》提出“建设现代国民教育体系和终身教育体系,保障人民享有接受良好教育的机会”。为此,北京、上海、南京、杭州、青岛等 60 多个城市提出创建学习型城市的目标,并制订了创建学习型城市的实施意见和行动方案,标志着我国终身教育的发展正逐步朝着政策化、本土化和体系化的方向迈进。

2010 年发布的《国家中长期教育改革和发展规划纲要(2010—2020 年)》,提出要“构建灵活开放的终身教育体系”“促进各级各类教育纵向衔接、横向沟通”“建立继续教育学分积累与转换制度,实现不同类型学习成果的互认和衔接”。可以看出,落实终身教育不仅在我国进入法制化轨道,而且作为国家教育中长期发展战略予以具体实施。同时,我国落实终身教育还吸收了国际社会关于学分累积转换的先进理念,并且提出要促进各级各类教育之间的互认互通。

世界各国在落实终身教育的过程中,都不约而同地将开发资格证书框架体系作为应对策略之一,这不仅是强化职业教育与普通教育等值等位的需要,是教育公平、教育全纳以及灵活教育的需要,也是增加就业和提升经济竞争力的需要。2003 年,世界经合组织发起一项“国家资格证书框架体系在推动终身学习中的作用”的调查研究,并形成了《国家资格证书框架体系在推动终身学习中的作用》的综述报告。报告认为,资格证书框架体系要促进终身教育的发展,需要使其各种要素发生量变,从而使终身学习在数量、质量和分布等方面得到改善。各国也正因为资格证书框架体系的各种变量存在差异,其终身教育的成就也有所不同,具体体现在各个国家人力资源整体素质方面的差异,进而对各个国家的社会经济发展产生不同的影响。由此可见,国家经济社会的发展不能单纯地依靠某类教育,而要依靠终身教育这个大概念,因为终身教育有两个主要目标:一是改善人们对生活、工作及发展的态度,从而提高全民的技术能力和水平;二是极大地增加全民参与学习的可能性。第一个目标的实现有助于促进人们学习基本技能的积极性和主动性,提高解决实际问题的能力;第二个目标的实现则要通过打通各教育领域之间的衔接通道,使它们相互可比、可通,从而构建出大教育体系,即国家资格证书框架体系,从根源上解决社会经济发展的原动力问题。

当前,我国尚未建立起统一的国家职业资格证书框架体系,更别说通过建立“普职融合”的资格证书框架体系来落实终身教育。20 世纪 90 年代,我国才开始逐步建立国家职业标准体系,并于 1999 年颁布了《职业分类大典》,划分了 1 838 种职业,为我国职业资格证书制度的实施和职业的划分奠定了基础。1994 年颁布的《中华人民共和国劳动法》中明确规定“国家确定职业分类,对规定的职业制定职业技能标准,实行职业资格证书制度”,从而从法律的角度确定了在我国实行职业资格证书制度的合法性和有效性。虽然职业资格证书制度取得了一定成效,但是我们依然面临很多具体问题,比如职业资格证书执行的力度不够、职业资格证书管理机制不够完善、职业资格考核标准滞后于技术发展,等等。同时,我们的职业资格证书体系主要是针对职业岗位,是一个孤立的系统,与普通教育甚至与职业教育之间的衔接都十分有限,更不可能将国家所有的资格证书都纳入体系管理之中。因此,学习借鉴英国资格证书框架体系的先进理念和实践经验,是当前我国完善职业资格证书体系的现实需要,也是最终建立统一的国家资格证书框架体系的前提和基础。

二、文献综述

本论著通过查阅相关书籍和报刊,特别是对 CNKI 学术期刊网、万方学位论文库、维普数据库、“Web of Science”数据库、ProQuest 学位论文数据库、ERIC 数据库以及 Google 学术搜索等搜索引擎,以及对“英国伦敦大学教育学院”“英国教育部”“牛津剑桥和皇家艺术联合会考试局”等专业网站和官方网站进行文献检索与梳理,发现对英国资格证书制度、资格证书框架体系及其外部资格证书的研究主要集中在以下几方面:

(一)国内外相关研究综述

1.资格证书框架体系的管理机制研究

关于资格证书框架体系的管理机制,英国政府法令有专门规定,并且该方面的研究成果也非常丰富。英国《1997 年教育法案》将原来的国家职业资格委员会和学校课程评审委员会合并，成立资格证书与课程管理局,其最为重要的一项职能就是职业资格证书和学术资格证书管理。2000 年,资格证书与课程管理局发布的《英格兰、威尔士、北爱尔兰外部资格证书管理规定》(*Arrangements for the Statutory Regulation of External Qualifications in England,Wales and Northern Ireland*)中明确指出,在英格兰执行该项规定的法定权威机构是资格证书与课程管理局,在威尔士执行该项规定的法定权威机构是威尔士课程与评价局,在北爱尔兰执行该项规定的法定权威机构是北爱尔兰课程、考试及评估委员会。

纳塔莉亚·库迪(Natalia Cuddy)和汤姆·黎列(Tom Leney)认为,国家资格证书框架的行政框架一般来说是治理的权力下放,政府和制度框架在英格兰、北爱尔兰和威尔士都有所不同,他们有着广泛的自治权。各级部门及机构等的职责分工如下:教育、职业学习和技能学习的政策主要由国家教育部门负责,而大学是拥有自己宪章相对独立的机构;各邦都有自己委托提供资金、供给和管理学习机会的资助委员会,确定资金的重点投向和分配以及监督数据收集;区域和地方机构建议提供学习机会,以满足当地的需求,并且建议国家政策和资金安排,个别学校有相当大的自主权;各邦都有独立的机构负责质量监管,包括研究、评价项目和员工发展;审批发放资格证书是各邦认证机构的职责,并且英格兰、威尔士和北爱尔兰在认证问题上密切合作;失业者的就业政策和培训项目是英国就业和退休保障部的职责(工作),当然该部门也下放了管理权;行业技能委员会负责识别在经济领域的技能需要和岗位需要的职业资格标准,与其紧密合作的机构还包括技能发展委员会。大卫·伍德盖提(David Woodgate)指出,资格认证与课程管理局是一个由英国联邦教育与技能部支持的公共机构,由教育大臣任命的委员会负责具体管理,在英国建立的最具活力的知识经济中发挥着十分重要的作用。资格认证与课程管理局负责推广和开发国家课程,组织各类评估、测试和考试,认证和监控学校以及工作岗位颁发的各类证书。国家资格证书框架体系是资格认证与课程管理局为了满足雇主和学习者对水平认证的需要而开发的资格认证框架体系,具有十分重要的意义。资格认证与课程管理局还要联合其他权威机构，比如威尔士课程与评价局和北爱尔兰课程、考试及评估委员会，加强对颁证机构的监控，确保颁证机构的管理、认证记载和颁证流程都规范严谨，同时包括与国际机构的合作，诸如欧洲职业培训发展中心（CEDEFOP）。

国内关于英国资格证书框架体系管理的相关研究也有丰硕成果。石伟平教授认为，英国职业教育的管理主要包括管理机构和现行法律法规。其中，管理机构分为中央管理机构和地方管理机构，中央管理机构主要是教育与技能部，以承担制定国家教育政策、颁布教育法令、监督地方执行的责任。资格认证与课程管理局作为资格评估管理机构，由 2008 年 4 月成立的“资格与考试监督办公室”接管，成为一个独立的资格与评估管理机构。现行法律法规涉及职业教育的非常多，这些法律不仅分布在教育领域，也分布在经济领域，主要包括《2000 年学习与技能法》《2002 年教育法》《2002 年就业法》《2008 年教育与技能法》等，这些法律对英国职业教育的管理等各个方面都进行了全面规定。樊大跃在谈到英国国家资格证书框架体系的管理运行机制时指出，其管理具有 3 个特征：一是在国家层面，英国政府成立了数个半官方机构，以企业管理的方式运作；二是在区域层面，除了应对国家层面的相应机构外，主要增加了行业技能委员会；三是在地方层面，建立了以学校、在职培训机构和企业培训中心等多种办学机构。在谈到质量监督保障体系时他还指出，在国家层面，政府设立了国家资格、课程及评审局和国家资格证书及考试条例办公室，负责审核颁证机构的资质，将行业技术委员会制定的职业资格向社会颁布施行，并对颁证机构和教学机构的工作进行监督指导。郑静姝在其硕士论文中提及，英国职业资格证书制度组织管理体系包括教育与技能部（Department of Education and Skill，DFES）、资格证书与考试中心、教育督导机构（Institutions of Education Supervision，IES）、培训与企业委员会（Training and Enterprise Council，TEC）、产业指导机构（Lead Bodies，LB）、证书颁发机构（Awarding Organization，AO）、考评鉴定中心（Approved Centers，AC）、职业继续教育机构等 8 个方面。上述所有研究都为该论文的撰写提供了很好的参考与借鉴。

2.资格证书框架体系的相关内容研究

2000 年,英国资格证书与课程管理局发布的《英格兰、威尔士、北爱尔兰资格证书管理规定》中,将国家教育资格证书和职业资格证书整合,建立全国统一的国家资格证书框架体系,该体系把英国的证书体系分为入门级和 1~5 级。2003 年,英国教育与技能部在《国家资格证书框架体系在提升终身教育中的作用》的报告中指出,建立国家资格证书框架体系的目的在于贯通各种证书之间的联系,并帮助学习者、雇主、高等教育和其他利益相关者,对资格证书做出信息透明的判断和选择。属于该体系的资格证书主要包括 3 种类型:普通教育证书、职业资格证书和岗位资格证书。资格证书框架体系分为 6 个等级——入门级和 1~5 级,各级别证书的水平程度主要靠证书对知识水平、技能和理解能力、自制能力、分析能力和创新思维的不同要求而加以区分。2004 年,英国资格认证与课程管理局对国家资格证书框架体系进行了修订,将原来的 6 级证书制度调整为 9 级证书制度,原来的入门级和 1~3 级不变,原来的 4 级被分为了 4、5、6 3 级,原来的 5 级被分为 7 级和 8 级,这样职业资格证书在高等教育层次与高等教育资格证书完全对应,至此,英国国家资格证书框架体系已经基本能够对所有资格进行较为明确的定位,并使各类资格证书有了可比较的平台。

纳塔莉亚 · 库迪(Natalia Cuddy)和汤姆 · 黎列(Tom Leney)在谈及英国资格证书框架体系时指出,国家资格证书框架体系 2000 年引入了英格兰、威尔士和北爱尔兰,所有的职业教育与培训资格证书都要接受质量监控。在国家资格证书框架体系下每个资格证书被确定为 9 个等级(入门级和 1~8 级水平)之一,每一个级别代表一组结果(学术和职业资格证书)。2008 年 6 月,英国伦敦行业委员会发布的《资格证书框架体系》报告指出,资格证书框架体系是一个根据一系列特定的知识和技能水平设计的资格体系。证书体系中的级别用以定义学习成果:无论学习者是在哪里学习,是否正式学习,是在工作单位或者其他地方学习,有价值的学习成果都应该得到认可。根据他们的学习成果,过去所学的和现在所学的都可以放在这个资格体系中累积。这就使得资格证书之间的比较变得更加容易,也使学习者更加清晰地认识到如何从一个水平向下一个水平的资格晋升。迈克·杨(Michael Young)认为国家资格证书框架体系区别于其他体系的特征主要有以下几方面:用一套统一的标准描述证书,采用统一的水平层次分类证书,以不同的职业领域分类证书,采用统一的学习成果描述证书(专业的网站、机构和教育学的形式或课程独立表达),以元素定义,以学习时间为主的学分概念描述。并不是所有国家资格证书框架体系都采用这些标准,他们声称原则上国家资格证书框架体系允许资格证书有以下情况:通过时间累积获得证书(学分累积和转换),可转换性——一种资格的学习成果可以用于其他资格认证,透明性——学习者必须准确地知道他们需要展示的学习成果。

石伟平教授在其《比较职业教育》一书中谈到,英国为了让各级各类证书衔接,2000 年推出国家资格证书框架体系,共分为 5 级,2004 年,资格认证与课程管理局将国家资格证书框架体系的 5 级制度调整为 9 级制度,让其与高等教育资格框架进行衔接。这样相同级别的资格,对学习者的要求大致相当,但学习内容和学习时间差异很大。樊大跃教授不仅研究了英国资格证书制度的发展历程,还勾列出“英国新旧教育/资格证书框架体系比较及高等教育学位框架的比较一览表”和“英国国家教育/资格证书框架体系级别内容说明”,为研究英国国家资格证书框架体系以及各级别内容提供了很好的研究成果。匡瑛博士指出,英国由于 21 世纪劳动力结构的变化,导致原来的 5 级国家职业资格证书框架体系与高等教育的教育资格难以直接对应,人才的规格也难以有效区分。从 2004 年 9 月 1 日起,英国政府决定将国家职业资格证书从 5 级增至 8 级。修订国家资格证书框架体系的主要目的是将职业资格与高等教育资格框架有机联系起来,实现层次清晰、一一对应。关晶博士在其研究中指出,英国政府 2000 年推出的国家资格证书框架体系,共分 5 级。为了使该框架体系更准确,并能与高等教育进行比对,2004 年,英国资格认证与课程管理局对国家资格证书框架体系进行了修订,将其调整为 9 级,原来的入门级和 1~3 级不变,原来的 4 级被分为了

4、5、6 三级,原来的 5 级被分为 7 级和 8 级。

3.资格证书框架体系的学分累积研究

2008 年 8 月,英国资格证书和考试中心(Ofqual),宣布建立资格与学分框架体系,也就是在原有国家资格证书框架体系中引入学分累积晋级的理念。资格与学分框架体系构建的结构有以下特点:以学习单元为基础的资格证书可以定位其层次,学习成就通过学分奖励和资格认可,学习成果的大小和水平可以很容易地被识别,形成一种允许学分累积和转换在资格证书和颁证机构之间有效进行的必要机制,学习者被给予最大的灵活性和最大的进步空间并且其学习成果能够得到认可等。所有的学习单元和在资格与学分框架体系中的资格证书都有学分价值(一个学分代表 10 学时,显示了需要完成的时间和精力),以及从入门级到 8 级的级别(显示了这个级别的挑战或难度)。

伊萨贝尔·李·莫艾伦(Isabelle Le Mouillour)在研究欧洲学分资格体系时指出,英国资格与学分框架体系是一个适用于英格兰、威尔士和北爱尔兰的政府体系,2011 年开始实施,显示了各种职业资格证书是如何分层、命名和保障质量的。在这种背景下,学分授予是在完成一个学习单元(学习单元是资格证书最小的构成元素)之后进行的,并且学分可以累积以获得资格证书,而级别则反映资格证书的复杂程度。他还指出,英国的学习者可以注册多个证书等级的项目,该项目有多条出口,对应不同的总结性评估;学习者可以决定自己是否继续学习,或者追求更高水平的资格证书,或者是退出该项目而进入劳动力市场。第二个更为复杂的选择是在教育和培训部门创建通道。这种选择与运行机制和流程的反映情况紧密相连,需要不同群体的参与,可能包括取得资格证书的不同渠道和资格证书的不同取向(比如普通型、职业型和学术型)。这些国外关于英国资格与学分框架体系研究的法规、论文以及著作,为我们深入了解英国资格证书框架体系中学分累积的内容提供了翔实的、原汁原味的资料。

英国资格证书中的学分累积理念,不仅在欧洲得到各国政府的积极响应和学界的高度重视，而且在中国也得到了广泛传播。《国家中长期教育改革和发展规划纲要(2010—2020年)》，提出要“建立继续教育学分积累与转换制度，实现不同类型学习成果的互认和衔接”，实现学分累积与转换成为国家终身教育的发展方向。石伟平教授深入研究了英国资格与学分框架体系的发展历程和主要内容，指出在英国的资格与学分框架体系中，学习单元是最小的学习单位，每个学习单元都有一定的学分和级别，学习者只需要完成一个学习单元并且评估合格后就可以获得相应的学分。资格与学分框架体系的所有资格都有两个重要维度，即难度和学习量，难度就是指入门级和1~8级，学习量主要是指学分、证书、文凭。资格与学分框架体系中所有资格的命名都采用统一的规范，主要由资格级别、资格的学习量以及资格的内容3个部分组成。樊大跃教授在研究英国资格与学分框架体系时指出，对体系中学分的累积认证，有国家层面专门的管理规定对相关单元的命名、内容安排的标准、领域内外学分的评定及认可、累积组合方式、有效时间的界定等方面做详细要求。他认为，国家资格证书框架体系中学分累积的概念，符合知识解构和重构说，并且将知识和技能模块化，打破了学科条块分割，建起了一个共享机制，使得学分可以在颁证机构之间相互认可和转换，并且实现了学分的累积和量化晋级。

赵昕，严璇等人在研究英国资格与学分框架体系的内容和特点时认为，其结构涉及复杂性和学习量两个维度，包括学分、级别、学习量、学习单元和资格5个要素，并且指出与国家资格证书框架体系相比，资格与学分框架体系主要有3个特点：一是引入了“单元”与“学分”；二是引入学习者成就记录(LAR)及资格证书的“单元组合”原则；三是资格与学分框架体系中对每个等级的描述均以学习成果为导向，分为3个维度——知识与理解、应用与行动、自制力与责任感。他们认为，与高等教育资格证书框架(FHEQ)还存在差异，资格与学分框架体系主要针对职业教育与培训领域，并不包括高等教育。因此，指出从严格意义上说，英国尚未建立起一个涵盖所有类型和等级的综合性国家资格框架体系，尽管资格与学分框架体系与高等教育资格证书框架并未实现整合，也没有正式的联系路径，但资格与学分框架体系中水平等级方法的采用却使二者便于比较，提高了资格框架体系的透明度。董显辉认为，从 2011 年开始，英国的资格与学分框架体系取代了国家资格框架体系，这是英国职业资格认证制度中的重大改革。资格与学分框架体系通过学习单元、学分、学习内容和等级等将英国所有资格证书纳入该框架内，涉及难度和学习量两个维度，内含了学分、学习单元、级别、学分量和资格 5 个要素。这些关于英国资格证书框架体系学分累积不同维度的研究，对深刻认识和把握学分累积及转换的理念意义重大。

4.资格证书框架体系的实施效果研究

英国教育与技能部先后调查了英国工会联盟（TUC）、英国工业联合会（CBI）、学习和技能委员会（LSC）等多家政府部门和社会机构，对资格与学分框架体系实施以来的效果进行总结评估，认为其存在改革与创新、动力与约束，也存在问题与争议。麦克・科尔斯（Mike Coles）认为，国家资格证书框架体系的实施发挥了以下几个重要作用：建立起知识、技能和能力的国家标准，提高了教育和培训的质量，提供了一个可用于资格证书之间比较和协调的系统，促进和维护了获得学习机会的程序以及学习迁移和学习发展等。文森特・迈克布莱德和詹姆斯・科威（Vincent McBride，James Keevy）指出，资格证书框架体系力图寻找不同部门并使之联系在一起，这样可以让教育和培训的不同部门有紧密的联系，但是很难形成系统的部门联系。教育部门往往有不同的传统和任务，尽管它是直接为体系创建计划的部门。这些计划主要是提升继续学习的机会和学分转移，然而在实际运行中，这些计划依然很难执行。这些问题表现在以下几方面：比如大学的合作，大学往往在人才、资金、级别和学生等方面是竞争对手，合作在宽泛的范围内存在，但是很有限制；职业教育与普通教育的合作也有困难，因为他们在学习过程中有不同的传统、课程设计以及关于优秀的参考点；社会机构之间要协作以及和不同的教育部门合作也存在困难；在教育部门和微型商业机构之间建立联系也十分困难，因为大多数人是被雇佣的；职业教育和高等教育要协作也存在困难；等等。总之，资格证书框架体系在实施过程中存在很多诸如此类的各种困难。

国内关于英国资格证书框架体系的研究主要集中于教育部职业技术教育中心研究所、华东师范大学职业教育与成人教育研究所等研究机构以及部分分散研究的学者。樊大跃教授认为，英国国家资格证书框架体系在制度上打破了传统上成才的独木桥制度，彰显了多元人才观和社会和谐发展观。它用知识技能的层次以及学习的付出和时间为主要依据，不限制学习的形式和场所，破除了传统上教育拘泥于学校的樊篱，以一种明智的社会制度实现了全社会办教育，全民受惠于教育，落实终身教育，使得构建学习型社会以及实现全纳教育的构想得以落实。在谈到国家资格证书框架体系中融入学分累积概念时，他还指出资格与学分框架体系在很大程度上改变了传统的职业技术教育形态，在英国形成一种考证热。资格证书涉及面广、适应性强，与社会生活和生产实践紧密结合，得到广大民众的追捧。在2005—2010这5年间，考取资格与学分框架体系证书的人数每年以100万人的势头不断增长。石伟平教授在谈到从国家资格证书框架体系到资格与学分框架体系时指出，后者的学分累积和转换理念是英国资格框架改革迈出的具有历史意义的一步。它将学习小步化，认同各种形式的学习，并且使资格之间的比较变得更加容易。

（二）对已有研究的评价

综合国内外学者对英国资格证书制度的研究情况得出如下结论：国内外学者对英国资格证书框架体系的研究，主要包括3个阶段——统一的国家职业资格证书阶段、“普职融合”的国家资格证书框架体系阶段和资格与学分框架体系阶段，这些研究成果以及英国政府的系列制度文件，为本文的研究提供了第一手资料和重要参考。随着终身教育、全纳教育理念的不断深入，特别是资格证书框架体系在全球范围内的广泛推广，国内外从事教育管理的人员、政策制定者、行业企业专家以及教育研究学者，开始更加关注和重视对“普职融合”资格证书框架体系的研究。

从研究的数量和重点来看,国内外有关研究还存在以下几方面的问题。一是通过检索发现,国外政府和有关机构的报告比较多,而相关的研究论文只有数十篇,主要集中在资格证书的框架、质量保障机制等方面,对资格证书框架体系"普职融合"发展及其外部资格证书的规范标准关注较少。二是就我国而言,不仅从事该领域研究的人员较少而且研究成果也相对匮乏,研究人员主要集中在华东师范大学职业教育与成人教育研究所和深圳职业技术学院等单位。我国学者开展的相关研究,主要是对英国各种资格证书框架体系的介绍和解读,对某几种常见资格证书的介绍,对资格证书框架体系如何实现"普职融合"涉及不多,尤其是将框架体系与外部资格证书结合的研究极为罕见,缺乏对英国资格证书框架体系系统而全面的研究。

为了弥补这些研究的不足,甚至可以说是填补某些研究的空白,本文创造性地将英国资格证书框架体系及其外部资格证书结合研究,从资格证书框架体系"普职融合"发展的历程背景、管理体制、构建路径、特征及实施效果等方面进行梳理解读,并列举在不同框架体系阶段中的几种常见外部资格证书,系统全面地介绍英国"普职融合"的资格证书框架体系情况,以期为我国建立全国统一的国家职业资格证书框架体系提供可参考的意见及建议。

三、概念界定

(一)资格证书(Qualification)

世界经合组织(OECD)对"Qualification"进行了定义,认为是某人所学知识、技能以及其能力达到规定的标准之后,考评认证机构对其授予的一种证明,也是学习者拥有的"财产"。学习者往往是在考评的各项程序中或者课程的学习研究中得以达到这种规定的学习标准,因此,学习和考评既可以通过系统的项目研究又可以通过现场工作经验完成。这种证明具有官方权威认证的价值，可以在劳动力市场、继续学习和培训中通用，并且可以利用这种证明进行合法交易。

对于“Qualification”，我国有学者翻译成“资格”，也有学者翻译成“资格证书”。从《辞海》对“资格”的释义看，它包括2层意思：一是经历、地位、身份等，如老资格、资格尚浅；二是应具备的条件、身份等，如具备资格、审查资格。而资格证书则缩小了“资格”的概念范畴，特指具备某种条件或身份的证明。为此，结合世界经合组织的定义，本文认为将“Qualification”翻译成“资格证书”更为贴切。

在英国，资格证书是一个非常大的整体概念，它是社会对获得者的知识水平、行为、能力资质、特征及成就给予认可的证书，有时也可以作为一种从业的资质证书。现在英国的资格证书包含国家职业资格证书、普通教育证书、高等教育序列证书等所有的资格证书，是英国各级各类教育培训证书的总称。

（二）外部资格证书（External Qualification）

英国《1997年教育法案》专门对外部资格证书进行了界定，是指由第三方认证或授予的学术型或职业型资格证书，不含第一学位水平及其同等或者更高水平的学术型资格证书。这里的第三方是指，证书课程提供或培训的机构及其员工以外的机构或人员。为了防止混淆，《1997年教育法案》还特别作了说明：一是如果获得某资格证书的前期培训由机构或雇主提供，且该证书由除提供培训的机构或雇主的任何成员、员工之外的一方颁发，则该证书可认定为由第三方颁发；二是如果某资格证书由机构或雇主颁发，且该证书由除颁发机构或雇主的任何成员、员工之外的一方认证，则该证书可视作由第三方认证。

利用排除法不难看出，外部资格证书不包括第一学位水平及其同等或者更高水平的学术型资格证书，不包括非第三方认证或授予的资格证书，也不包括教育培训产生的非正式证书。为此，我们认为外部资格证书是指由第三方认证或授予的普通教育类资格证书和职业岗位类资格证书,不含由高等院校独立颁发的高等教育序列证书。本文研究的重点是普通中等教育证书(GCSEs)、普通教育证书(GCEs)、国家职业资格证书、国家资格证书框架体系和资格与学分框架体系下的其他几种外部资格证书。这里要特别提及的是,英国的外部资格证书从学习量大小和难易程度上,还包括证明(Award)、证书(Certificate)和文凭(Diploma),外部资格证书则是它们的统称。

(三)资格证书框架体系(Qualifications Framework)

世界经合组织(OECD)对"Qualifications Framework"进行了定义,认为它是资格证书制度的一部分,是根据一组学习成果标准划分资格证书水平的工具;它的范围可以是所有的学习成就或通道,也可以局限于某个行业领域如初等教育、成人教育和培训或职业领域;它在国家或者国际范围内,建立起一个质量提升、便于参与以及广泛联系的基础,一个社会大众、劳动力市场对资格证书认可的基础。在它出现之初,通常表示为图表或图解,常常被称为框架。这个框架实际上源自20世纪80年代英国推出的职业资格证书和国家普通职业资格证书,形成了英国最初的职业资格证书框架。从本质上讲,这个时期的"Qualifications"指代的是职业资格证书。

然而,当21世纪英国推行国家资格证书框架体系和资格与学分框架体系后,这里的资格证书既包括了外部资格证书,也包括了普通高等教育的学位证书。此时的框架已经脱离了一般意义上做一个层次划分,罗列一系列资格证书的框架含义,它还包括资格证书框架体系所覆盖的领域,相关机构的资质审定,资格证书框架体系运行的控制,资格证书的赋值过程,资格证书框架体系中的框架结构。特别是当高等教育与职业资格证书的中高端证书可比、相通时,框架则更进一步成为一个分级、分类,职业教育和学术教育相通的终身教育资格证书框架体系。这里的"Framework"除了框架作用之外,更多体现的是一种归类、分级、比较、融通的系统性概念,因此翻译成框架体系更贴近其内涵本质。

(四)普职融合(Unification of General and Vocational Education)

《现代汉语词典》(第7版)显示:"融"为"融合,调和","合"为"结合到一起,凑到一起,共同(跟'分'相对)";"融合"则为"几种不同的事物合成一体"的意思。英国教育"普职融合"的模式是为了解决教育不公、追求受教群体的平等而最终确立的。《1944年教育法》正式确立了初级教育、中等教育和继续教育的衔接体系。1964年综合中学制度的实施,标志"普职融合"最基本的教育组织形式的确立。20世纪90年代,英国职业教育领域相应推出了一系列的资格证书,为不同学习能力的学生提供了学术和职业路径之间的"转轨"机会。2002年起,英国又在高中阶段实施了"高校招生分数转换系统",一些职业型高中的毕业生可以凭借资格证书和优异的毕业成绩升入大学进行深造,也可以选择直接就业。学习者多了选择的机会,也使得"普职融合"被制度化地确立下来。

为此,本文认为英国"普职融合"体现的是普通教育与职业教育相互尊重与平等的理念,追求的是实现普通教育与职业教育发展的一致性,也就是英文"Unification"所指的意境。"普职融合"在形式和实践中表现在以下3个方面。一是课程内容的相互渗透。在普通教育和职业教育的各个阶段,相互植入各自的学习内容,体现学术与技术融合的价值取向。二是资格证书的相互衔接。就是普通教育证书与职业资格证书在同一框架体系中可比对,并且可以通过学分等媒介实现等值交换。三是教育轨道的相互切换。学习者可以凭借其学习记录和学习成效,在普通教育与职业教育轨道上实现有条件的自由切换,从而打破普通教育与职业教育的界限分隔。

四、研究思路与研究方法

(一)研究思路

本书研究的大背景是终身学习、终身教育在全球范围的全面推广,我国也需要采取一种有效途径来积极响应终身教育(学习),加快发展现代职业教育就是目前国际公认的最为有效的路径和方法。因此,当前我国职业教育改革和发展的现实困境是本书研究的出发点,构建国家职业资格证书框架体系的路径选择是本书研究的归宿点。基于对构建全国统一的职业资格证书体系障碍的反思,以及英国国家资格证书框架体系的先进性、代表性和可借鉴性,本书研究选择英国作为国家案例,把英国国家资格证书框架体系的历程背景、管理体制、构建路径及实施效果作为一条研究明线,这条明线是贯穿全书始终的逻辑主线,同时,这条主线背后还隐含着对我国职业教育改革和职业资格证书体系构建关注的暗线。

总体而言,对英国"普职融合"资格证书框架体系的研究遵循"为什么建—谁来建—怎样建—建得怎样"的逻辑思路。一方面追本溯源,从宏观层面解读英国"普职融合"资格证书框架体系产生的国际国内背景和历史发展过程;另一方面深刻挖掘其产生设计的顶层理念指导即理论基础,解决"为什么建"的问题。一方面从中观层面,系统深入分析英国"普职融合"资格证书框架体系的管理体制、设计开发,从方法论上明确构建的主体、路径和方法,即解决"谁来建""怎样建"的问题;另一方面细化到实践微观层面,考察英国"普职融合"资格证书框架体系的具体情况,包括框架结构、等级划分、特征描述、考评认证等,以及它在世界各国构建资格证书框架体系中发挥的作用,回答"建得怎样"的问题。在此基础上,通过对我国职业教育特别是国家职业资格证书框架体系构建的现状及存在的问题的分析,提出现代职业教育改革要求下我国职业资格证书体系构建的理念构想、管理架构、运行机制和考评方式等，为我国构建全国统一的职业资格证书体系提供借鉴和参考，为我国加快发展现代职业教育、落实终身教育（学习）提供理论支持和路径选择。

（二）研究方法

1.文献分析法（Documentary Analysis）

文献不仅反映了社会现实和历史事件，而且构建了社会现实和历史事件。文献分析法主要指搜集、鉴别、整理文献，并通过对文献的研究，形成对事实科学认识的方法。本文通过对相关书籍、官方网站、中国学术期刊全文数据库、Web of Science 数据库、ERIC 数据库以及 Google 学术搜索等进行文献检索与梳理，搜集到的最有价值的代表文献就是英国颁布的关于资格证书框架体系及其外部资格证书的相关法令和规定 100 余份，还有一些研究英国资格证书框架体系的国内外专著、论文以及观点等，论文将针对多渠道收集的各种研究资料及数据，进行客观分类、整理、比较和分析，最后归纳总结出较为完整的观点及结论。

2.比较法（Comparative Analysis）

著名教育方法论学者梅（Tim May）认为，比较分析的视角包括：以洋为鉴（Import-mirror）的视角，将本国的实践置于别国背景下进行研究；差异性的视角，分析各国社会不同方式发展的原因；理论发展的视角，关注比较分析对理论发展的积极影响；预测的视角，相信别国的经验有助于预测本国即将出现的问题。另外，按照著名比较教育学者马克·贝磊（Mark Bray）构建的比较教育分析框架，比较分析的第一个维度为地理层次，包括世界区域、大洲、国家、州、省、地区等；第二个维度为非地域性人口统计群体，包括种族、宗教、年龄、性别乃至全部人口；第三个维度为教育与社会方面的要素，如课堂、教学方法、教育财政、教育管理结构等。马克·贝磊认为，每一项比较教育研究都会涉及这 3 个维度。本书运用比较研究法，通过对英国内部各邦国之间，英国与欧洲、澳大利亚、苏格兰等地区和国家之间的比较研究，发现它们在目的、方法、策略上的异同，有利于更加立体和辩证地把握英国“普职融合”资格证书框架体系的内涵和特征。同时，通过比较分析英国资格证书框架体系发展的历史经验，探讨其对我国构建国家职业资格证书框架体系的借鉴意义。

3.个案法(Case Study)

个案研究是社会科学研究中的一种重要类型，不仅有利于反映丰富多彩的社会现实，而且可以为理论建构提供必要的素材。本书不仅选择了国家资格证书框架体系、资格与学分框架体系作为研究个案，从微观层面分析了资格证书框架体系的设计理念、技术因素、保障方法等，而且选择了国家资格证书框架体系下几种常见的外部资格证书，如基础技能证书、普通教育证书、普通中等教育证书和国家职业资格证书，以及资格与学分框架体系下的电气安装 3 级证明、应用艺术设计普通教育证书等进行个案研究，更加深入地分析框架体系的最小单位——外部资格证书的情况，包括这些外部资格证书的标准要求、考评流程以及结果报告等，从而为准确掌握英国“普职融合”资格证书框架体系的实质提供更加可靠的依据。

第一章　英国“普职融合”资格证书框架体系的背景、历程及理论基础

英国的资格证书制度由来已久,对提高劳动者素质以及拉动经济增长做出了积极贡献。然而,随着经济产业的发展、国际竞争的加剧,原来多重管理、种类繁杂的资格证书制度已经不适应经济社会发展所需。因此,20世纪80年代后,英国政府大刀阔斧地推动资格证书制度改革。1986年,英国政府强力推行国家职业资格证书制度,建立起英联邦统一的职业资格证书框架体系。2000年,为了实现外部资格证书的“普职融合”,英国政府建立起国家资格证书框架体系,将普通中等教育、职业教育与培训的各种资格证书都纳入其中。2008年,英国政府又推出资格与学分框架体系,在此体系下,外部资格证书之间实现了通过学分进行比较、组合和转换,这使得“普职融合”更加具有实质性意义。纵观英国资格证书框架体系“普职融合”的发展道路,既有国内政治经济、文化教育的时代背景,又有国际教育竞争和欧洲教育“普职融合”发展的现实背景。同时,资格证书框架体系“普职融合”还受到终身教育与全纳教育、新职业主义、多元智力等理论思潮的影响,是21世纪英国最重要的教育改革与实践。

一、资格证书框架体系“普职融合”的时代背景

(一)普职融合发展的国内背景

1.经济社会转型计划的要求

英国作为老牌资本主义国家,18 世纪至 20 世纪初期的大英帝国领土跨越全球,号称“日不落帝国”,是当时世界上最强大的国家。然而,到 20 世纪下半叶大英帝国解体,超级大国领导地位被美国和苏联取代,英国的政治地位和国际影响力也日渐衰落。另外,第二次世界大战后的英国经济长期处于低增长甚至滑坡状态,其实力已不及飞速发展的德国、法国和日本。英国作为昔日大国的政治经济影响力在 20 世纪受到严峻挑战。同时,英国国内社会问题也众多,比如通货膨胀严重、工会力量过大、生产效率低下等,这些“英国病”严重影响了经济复苏和社会繁荣。懒散混沌的英国迫切需要注入一剂强心针。撒切尔夫人在 1979—1990 年的 11 年执政期间强力推进改革,对外采用铁腕维护国家利益,果断应对马岛战争,极大地增强了国家凝聚力和民族自豪感;对内则极力奉行自由理念,建立自由市场,回归自由经济,实现了经济的极大复苏。撒切尔夫人对英国政治、经济、社会与文化面貌进行了深而广的改变,将英国重新拉回国际大国的行列。

21 世纪初,世界多极化和经济全球化使得国与国之间的交往与利益远远大于“冷战”时期的对立与隔阂,追求和平、平等与合作日益成为国际交往的主旋律。世界政治格局的变化深刻影响着教育领域的交流合作,各国间的教育交流与互认在世界多极化和经济全球化的背景下变得越来越频繁。21 世纪初的英国,经过撒切尔夫人和布莱尔政府的励精图治,已经在世界范围内重新拥有强大影响力,并且在经济、文化、军事和科技等方面逐渐成为举足轻重的世界强国。布莱尔执政时期提出了“第三条道路”的思

想，就是要从政治、经济、文化价值等诸多领域入手，重塑一个全面医治英国社会弊病的总体框架。“第三条道路”理念可以概括为4条，一是建立包容合作性的创新型社会关系，包括尊重个人价值，反对社会排斥，最大限度地发挥所有人对社会发展的作用；二是确立能够团结各种政治力量的新政治中心，弱化左右翼政党概念，实现观点多元化，从而更好地凝聚各方力量为国家发展进步服务；三是将以往管理型政府改造为治理型政府，建立国家和市民社会的两元合作互动，强化中央与地方之间的立体交互合作，打造“整体型政府”；四是“改革福利制度，重新定位国家”，在新的混合经济体系中给政府找到恰当的位置，平衡国有和私有、管制和非管制、经济生活和非经济生活之间的关系，从而兼顾社会上各个阶层的利益。“第三条道路”的核心是对平等和社会公平的关注。为达此目的，他们把教育投资看成政府的一项重要任务，是机会再分配的重要基础。布莱尔有一句众所周知的名言，那就是把优先权赋予“教育，教育，教育”。

长期维持一个具有竞争力和生产力且为全体国民实现发展和繁荣的经济体，形成一个更加公平并更具包容性的社会，成为21世纪初英国历届政府的共同追求。为此，在布莱尔执政时期，英国便出台了一个雄心勃勃的社会和经济转型计划，该计划是《21世纪的技能——实现英国的潜能》，它的成功与否在很大程度上取决于青少年、劳动力人口和社会能否发展更高的技能。该计划的一项重要任务，就是要协调各方力量，包括政府及其下属机构、教育和培训机构、雇主、工会和个人学习者的全面参与，在全国范围内建立起统一的资格证书框架体系。

2.文化教育助推技能战略的实施

英国作为一个与欧洲大陆隔海相望的岛国，历史上与欧洲大陆保持着联系，同时也免于外界的干扰，保持了自己历史和文化的连贯性。英国和欧洲大陆在很多方面都形成了鲜明的对比。比如，以英国为代表的海洋法系与以欧洲大陆为代表的大陆法系，以及英国哲学中最经典的“经验论”与大陆哲学中的“先验论”等。正是由于历史文化的独特性和连贯性，英国人具有典型的“怀旧”情节，崇尚过去的成就和辉煌，坚守自己的传统制度和生活方式，时至今日，英国的贵族文化和绅士文化氛围依然十分浓厚。英国社会的等级区分一直都很明显，这与其贵族制强大而持久的影响是分不开的。虽然英国较早进行了反封建的资产阶级革命，但是贵族制从未被彻底否定过，贵族则始终代表着一种身份和荣誉。贵族精神的核心是骑士精神，在冷兵器时代，骑士精神则转化成绅士风度。无论是贵族文化还是绅士文化都呈现出保守、重文轻理、厌恶竞争的特点。在这样的文化熏陶下，英国人认为“贵族”“绅士”的品质和才华应该是勇敢、牺牲、谦恭、包容、好口才、高雅等，文学、艺术、哲学、诗歌则被看作上等人必备的素质。这种观念导致了人们对应用技术研究的轻视，也直接导致职业教育在英国很长一段时间得不到足够重视，在新的时代背景下这一现象必须得到修正和改变。英国人重文轻理以及好附庸风雅的特点，与中国的传统有着极其相似之处，这也是中国职业教育不仅起步较晚而且还长期处于被边缘化地位的原因所在。

英国的现代教育始于 20 世纪初，教育从原来神学宗教的殿堂中走出来，开始更多地关注现实社会和科学以及产业发展。第二次世界大战后，英国颁布了具有划时代意义的《1944 年教育法》，确立了由初等教育、中等教育和继续教育相互衔接的现代公共教育体系，并且在此法指导下，教育部于 1945 年正式确立了中等教育三轨制原则，将学生在考试后分流进入现代中学、文法中学和技术中学。从学校的阶级性质来看，进学术性文法中学的多为社会中上阶层子弟，而社会下层子弟大多进入了现代中学和技术中学，这种不平等现象也导致了 60 年代后综合中学运动的兴起。同时，英国高等教育在很长一段时间都属于精英教育，只有少数人才能上得起大学，并且主要是贵族和富家子弟。60 年代以后，社会和经济的发展对高等教育提出了新的要求，社会需要越来越多受过良好教育的人，同时人们追求教育机会均等的呼声也越来越高。1963 年英国采纳了《罗宾斯报告》建议，第一次对高等教育扩容以满足社会大众的需求。同时，全球范围内掀起的终身教育思想在英国的教育思想界也引起了一场革命。教育的作用不再是用来区分人的三六九等的依据，而是探索科学知识，传播高层次学问和技能，帮助人们获取生存所需的更高技能和知识的重要途径。由此可见,在这种教育思潮的影响下,平等成为教育的第一原则。这种教育的平等表现在人人都有接受教育的权利和义务,所有人无论性别、种族、家庭背景以及智力高低都应该享有接受教育的平等机会,并且教育要为每个人提供最适合其成长和最大限度发挥其潜能的帮助。为此,无论是获得求生的技能,取得更高层次的文凭,还是学业上的成功,我们都应该一视同仁地认可其教育成果。

虽然英国的技能发展、学习和资格模式均具有较强优势,但在开发技能的方式及其对提高生产力的贡献方面仍存在严重不足。法国、德国和美国的工人每小时的工作产出比英国工人多出四分之一到三分之一。根据英国财政部2003年对英国作为欧洲单一货币体系成员国进行的5项经济评估表明,受过良好教育且具备终身学习能力的劳动者更加容易适应经济社会变革。然而,英国的文化教育功能在提高国民技能水平,特别是提高低技能人群的技能水平方面还做得远远不够。为此,随着英国国家技能战略的实施,文化教育要在全面提高国民技术技能水平,促进教育公平和终身学习中发挥更加积极的作用。

(二)“普职融合”发展的国际背景

1.欧洲教育“普职融合”一体化的驱动

科技和经济的快速变革以及人口老龄化趋势的发展使得终身学习成为必然,人们需要不断学习才能适应现代社会发展的需要,并且学习的成果还应该通过相应的资格证书得到承认。这种观念已逐渐在欧盟深入人心。然而,欧盟各国的教育和培训系统繁多,各成员国以及各级教育和培训机构与主管部门之间又缺乏协调合作,导致了各国公民获得的资格证书多元、名目众多,这些资格证书之间的认定、比对和转换也异常困难。为此,欧盟建立统一的资格证书框架体系势在必行。1999年6月,欧洲29国高等教育部长签署了《博洛尼亚宣言》,提出到2010年建立欧洲高等教育区的发展目标。

《博洛尼亚宣言》提出的目标和行动方案旨在建立欧洲各国之间可比较的高等教育体制，实行学士、硕士两级学位制度和学分制，搭建起统一的高等教育证书认证和比对平台，鼓励人员流动。高等教育的成功实践为建立欧盟统一的资格证书框架体系奠定了基础，提供了十分有价值的理论支撑和实践经验，比如学分制的实施就为终身学习成果的累积认证提供了重要参考。

2000 年 3 月，欧洲议会批准发起的十年发展规划——“里斯本战略”，推动并促进了欧洲资格证书框架体系的建立。而此时，英国已经走在欧洲前列，率先推出普通教育资格证书与职业资格证书融合的国家资格证书制度，此制度也成为欧洲乃至世界学习借鉴的样板。2002 年 6 月，欧盟理事会通过决议，要求欧盟委员会和各成员国密切合作建立一个认可教育和培训领域资格证书的体系，从而确立了欧洲“普职融合”资格证书一体化进程的法律地位。2004 年 5 月，欧盟理事会通过欧洲非正规和非正式学习认定与确认的共同原则，并提出各成员国应遵照这些原则促进对非正规和非正式学习成果的认可。随后，欧盟成立专家组负责起草欧盟资格证书框架体系，经过多方讨论和协商，最终出台了一个以“学习结果”为基础，分为 9 个资格等级的欧盟资格证书框架体系。该体系的 9 个级别相比英国国家资格证书框架体系最初提出的 6 个级别，其分类更加细致而且普通教育资格证书与职业资格证书的对应更加全面。为了与欧盟资格证书框架体系接轨，也是为更好地实现教育与职业资格证书的对应，英国将原有的 6 级国家资格证书框架体系改进优化为 9 级国家资格证书框架体系，基本实现所有普通教育资格证书都能够与职业资格证书对应。2006 年 9 月，欧盟委员会接受了修改后的欧盟资格框架文本，并于 2008 年 4 月正式发布《关于建立欧洲终身学习资格框架的建议》。

2.英国教育国际化竞争力提升的需要

20 世纪末开始，英国教育的国际化影响力面临多重挑战，首先是来自欧盟内部的竞争，德、法两国的留学生数正逐步赶超英国；其次是以英国教育为样本的美国和澳大利亚，其教育国际竞争力和影响力已经超越英国。据统计，仅在美国大学学习的外国留学生人数就达60余万，超过英、德、法三国留学生数量的总和，成为世界上最大的教育服务贸易进口国。基于全球化的压力和自身发展的需要，英国当然不甘落后，开始寻求重新崛起之路。世界高等教育已经从精英教育转型为大众教育，全纳教育的理念也越来越深入人心，英国教育的崛起必须适应这种新的形势。为此，英国率先建立教育资格与职业资格融合的国家资格证书框架体系，促进各级各类教育/资格证书的可比对、可融通、相互衔接，从而激发教育内部的活力，增强本国教育的国际竞争力。正如布莱尔所说“为了能够凸显各个阶段的教育的日益国际化趋势”，英国教育国际竞争力的提升不仅要体现在高等教育方面，而且应包括中等教育、职业教育，让各个阶段的教育、各种类型的教育都能够吸引外国留学生。为此，建立全国统一的、“普职融合”的国家资格证书框架体系是形势所迫，也是发展所需。

统计显示，每年留学生总计向英国缴纳80亿~130亿美元的学费，是英国经济发展的重要支柱之一。招收国际学生不仅缓解了英国高校教育经费不足的问题，而且在客观上促进了英国高等教育国际化的进程。随着欧盟一体化和全球化的不断深入，国际教育合作交流将越来越频繁。欧洲国家乃至国际上的学生、教师等人员流动逐渐增多，但不同的学位制度、教育体系、认证体系妨碍了这种流动。欧洲劳动力大市场的建立，更加需要形成对各种教育类、职业资格类证书衡量、认证的统一标准，促进学生就业。另外，国际上的课程合作、项目合作也推动了教育国际化。英国不仅引入欧洲优质课程，多元化其课程设置，而且允许学生旁听海外课程，这就需要英国教育具有较强的国际影响力。英国—印度研究计划（UK－India Research Initiative）就是英国在欧洲以外寻求合作伙伴的例子，该计划为推动学术交流的研究计划提供2 100万美元的资金援助，其中包括授予联合博士学位项目以及支持对于英国文化的学习和海外教育机构。无论是教育领域的合作，还是国际劳动力市场的形成，都需要英国建立统一的国家资格证书框架体系，实现外部资格证书的普职融合发展，从而提升其教育的国际影响力。

二、资格证书框架体系“普职融合”的发展历程

（一）萌芽阶段（1986—1999 年）：推行国家职业资格证书制度

20 世纪 80 年代，英国面临一系列持续的问题和困扰，包括生产力水平下降，制造业领域的各项技能短缺，来自公共服务领域以及诸如关键科学领域的竞争力缺失等问题。这些问题和困扰，导致英国无法跟上世界技术革新和经济变化，也无法遏制其国际竞争力的急剧下降。生产力水平提高和经济增长与劳动者技能密不可分，研究显示，无技能变成有技能的劳动者数量每提高 1%将拉动生产力提高 2%。然而，由于技能教育国家战略的缺失，英国多领域出现了技能短缺，并且技能教育和培训、劳动力市场以及职业资格证书三者之间也极不协调。改革势在必行，然而却阻碍重重。首先是职业教育相关部门的视野狭隘，他们还沉浸在过去的辉煌历史中沾沾自喜，不愿意有根本性的变化，严重影响了职业教育的整体性。其次是到 20 世纪 80 年代，英国技能教育与培训机构林林总总，颁发的职业资格证书也种类繁多，达成百上千种，缺乏一个清晰而易于管理的职业资格证书框架体系。

为此，80 年代以来，英国政府开始构建国家职业资格证书框架体系，以规范社会上的职业标准，打造全新的职业教育体系，更好地服务于终身教育和终身学习的需要。第一次尝试对职业资格证书的全面改革是在 1986 年，英国成立了国家职业资格委员会，并强力推行国家职业资格证书。国家职业资格证书是一种针对在职人员开发的岗位资格证书，主要对象是完成义务教育的中学毕业生及 16 岁以上的青少年，尤其是那些刚进入工作领域尚不具备必要职业技能的在职青年。尽管国家职业资格证书在推行过程中存在一定的缺陷并且受到不同程度的抵制，但是它开启了英国国家资格证书统一的先河，也取得了令人瞩目的成绩。截至 2002 年，英国颁发了近 375

万份国家职业资格证书,而且越来越多的重要组织发现并充分利用其价值。1993年,英国又针对高中阶段学生开发出基于中学和继续教育学院的职业技术类生涯导向性课程——国家普通职业资格证书(GNVQs)。该证书可以作为就业上岗的资格证书,也可以作为学生进入高等教育的依据,从某种意义上讲国家普通职业资格证书架起了职业教育与普通教育相互认可融通的桥梁,为后来实现资格证书框架体系的"普职融合"奠定了基础。与此同时,英国的颁证机构也经过大浪淘沙洗牌重组,最终成立了伦敦城市行业教育协会(City & Guilds of London Institute,C&G)、评价及质量保证联合会(AOA)等四大主导职业资格证书发展方向的领导型颁证机构。

(二)形成阶段(2000—2007年):推行国家资格证书框架体系

虽然英国建立起全国统一的职业资格证书框架体系,方便了职业教育与培训成果的认证与比较,但是英国政府并未止于此,还致力打造职业教育与普通教育证书的互通认证体系,推动资格证书框架体系的"普职融合"发展。所谓"普职融合"就是指普通教育证书与职业资格证书实现等值互换,以及学习者在不同类型的教育轨道和不同性质的资格证书间自由切换。《1997年教育法案》将原来的国家职业资格委员会和学校课程评审委员会合并,成立资格证书与课程管理局。这两个部门的合并从政府层面结束了职业教育与学历教育分隔管理的局面,也结束了职业资格证书与普通教育证书互相分隔的格局,从而真正开启了职业资格证书与普通教育证书融合发展的道路。

为了更好地加强对资格证书框架体系及其外部资格证书的管理,2000年,英国资格证书与课程管理局发布了《英格兰、威尔士、北爱尔兰外部资格证书管理规定》,将普通中等教育的各种资格证书、职业教育与培训的各种资格证书以及高等教育资格证书,全部纳入国家资格证书框架体系。可以说,国家资格证书框架体系的建立标志着资格证书框架体系"普职融合"进入实质性的探索阶段。但是,由于当时高等教育证书还没有完全形成自身的证书体系,因此,此时的外部资格证书与高等教育资格证书的对应还很宽泛,不具有实质性意义。为此,2001 年英国高等教育质量保障委员会将高等教育的各种证书汇集一体,宣布实施高等教育资格框架体系,高等教育学士以下层次的资格证书完全实现了与其他资格证书的等值对应,但是学士以上层次的资格证书与高级别的职业资格证书还不能完全对应。2004 年,资格认证与课程管理局再次对国家资格证书框架进行修订完善,将原来的 6 级证书制调整为 9 级证书制,这样职业资格证书在高等教育层次与高等教育资格证书完全对应,至此,国家资格证书框架已基本能够对所有资格证书进行较为明确的定位,并使各类资格证书有了比较的平台,初步形成了“普职融合”的资格证书框架体系。

(三)成熟阶段(2008 年至今):推行资格与学分框架体系

英国政府为了与欧洲资格证书框架体系接轨,将原 6 级资格证书框架体系调整为 9 级证书框架体系,细化了外部资格证书与高等教育序列证书的对应关系。这套体系的实施,为外部资格证书的管理特别是“普职融合”提供了很大方便,但依然有很多不尽如人意的地方。主要问题有以下几个方面:一是外部资格证书在资格与学分框架体系中能够实现一一对应关系,但仅仅是约定俗成的等值关系,还没有实现真正意义上的普职等值,缺乏价值互换的标准;二是在国家资格证书框架体系中的外部资格证书名目繁多,容易造成人们的理解混乱;三是以一个资格证书为单元的学习内容太多,从某种意义上讲影响了学习者的积极性和完成率;四是资格证书的课程组合不够灵活,学习者的学习成果很难在不同证书间相互转换,导致了不必要的重复学习。随着国家资格证书框架体系的深入推进,以及一些问题的不断显露,迫切需要建立一套新的资格证书框架体系。为此,资格与学分框架体系以其全新的结构、要素、运行机制以及不同资格证书比较的新路径,得到社会的广泛认可并稳步实施。

2003 年,《21 世纪的技能——实现英国的潜能》一书出版,标志着这一改革历程的开始。英国政府与提供大量成人资格课程的机构合作,在资格证书与课程管理局和主要合作伙伴的支持下,启动开发共同学分体系的框架,从而逐步发展成国家资格与学分框架体系。该套体系的建立不仅需要解决很多政策和实践问题,而且经历了漫长的测试探索过程。第一阶段的测试于 2006 年 9 月开始,由 27 个项目组成,每个项目都包含不同类型的组织和学习者。2007 年 2 月到 2008 年 7 月又进行了第二阶段的测试,添加了一些新的内容,如对企业内训的认可、对社区学习的认可、行业资格的改革,等等。基于两次测试,2008 年 8 月,资格证书与课程管理局公布了资格与学分框架体系的具体规范和操作方法。2010 年 9 月,资格与学分框架体系正式启动学习者成就记录(Learner Achievement Record,LAR)。从 2011 年 1 月开始,资格与学分框架体系成为英国唯一的资格证书框架体系。资格与学分框架体系下的外部资格证书以学分和单元为基础,不仅实现了各级各类证书关系的准确对应,而且实现了普职证书的等值互换,以及学习者在不同教育轨道和不同资格证书间的有效切换。

三、资格证书框架体系“普职融合”的理论基础

(一)终身教育理论(Lifelong Education)

1965 年,在联合国成人教育促进国际会议上,联合国教科文组织成人教育局局长保罗·朗格朗(Parl Lengrand)正式提出“终身教育”这一概念,他认为“我们所说的终身教育是一系列很具体的思想、实验和成就,换言之,是完全意义上的教育,它包括教育的各个方面、各项内容,从出生的那一刻起一直到生命的终结时为止的不间断的发展,包括教育各个阶段各个关头间的有机联系”,其最终目标是维持和改善个人的生活质量。终身教育的性质特征决定了其全民性,它反对教育知识仅仅为精英阶层服务,要能够为所有的民众提供平等接受教育的机会,是一种没有排斥、没有歧视、没有

分类的教育，也是囊括所有人的教育即全纳教育。

在倡导大众教育、终身教育和全纳教育的今天，教育必须要面对社会每个人的个性差异、职业需求和生活目标。正如联合国教科文组织前副总干事科林·鲍尔指出的那样：“要尽可能地缩小技术与职业教育同普通教育的差距，为全民提供终身接受教育的机会。”社会需要透过中等教育和中等教育后，乃至高等教育几个层面，设计出形式多样、因人而异的受教育机会，承认其价值，并把这些教育和学习机会有机统一并整合起来，形成一个纵向相互衔接、横向相互融通的教育体系。21 世纪英国资格证书制度及其国家资格证书框架体系、资格与学分框架体系的设计，就是以终身教育（学习）和全纳教育理论为基础，重点在如何推进“普职融合”发展上寻求突破。

（二）新职业主义理论（New Vocationalism）

新职业主义理论最初产生于英国，是 20 世纪 70 年代以来西方国家中极为盛行的一种教育理论。新职业主义是相对于过去狭隘的、针对某一具体工作进行训练的旧职业主义而言的，是指通过政府领导的合作型革新来重建职业教育体系的思想、政策、立法、管理和实践努力的“混合”，不仅是一种新职业教育思潮，更是一种新职业教育运动。第二次世界大战后，随着科学技术的革新，职业变更的加快，传统的、培养单一劳动技能的职业教育已远远不能适应发展需要。另外，社会追求教育公平的愿望越来越强烈，这就需要为所有人提供平等的教育机会并且认可其教育价值，大力发展职业教育是解决这一问题的有效途径。

新职业主义要求抛弃古典主义的教育传统，采用实用主义的观点，发展职业教育，把教育与学生以后的职业生活密切联系起来。同时，融合职业教育与普通教育，努力使普通教育向职业教育靠拢，职业教育向普通教育靠拢，以建立一个一体化的教育体系，消除双轨制的教育传统。因为传统的学术型教育与职业生活脱节，不能满足职场社会的需要，而传统的职业教育因为缺乏学术理论知识的支撑，也无法满足现代社会对富有创造性、掌握高技能人才的需求，两者只有融合才能解决这些问题。新职业主义理论作为英国本土产生并盛极一时的理论思潮，为资格证书框架体系的“普职融合”及其外部资格证书的“普职融合”，提供了最为直接的理论依据和方法路径。

（三）多元智力理论（Multiple Intelligences）

1983 年，美国心理学家加德纳（Howard Gardner）在其《智力的结构：多元智力理论》一书中，把智力定义为“是在某种社会和文化环境的价值标准下，个体用以解决自己遇到的真正难题或生产及创造出某种产品所需要的能力”。他认为，智力总是以组合的方式出现的，每个人都是具有多种能力组合的个体，并由此提出了多元智力的观点。加德纳指出，为了应对生活和生产中的各种问题，人们需要 7 种能力，即语言能力、数理能力、空间能力、音乐能力、运动能力、社交能力和自知能力，这一理论被称为多元智力理论。就智力发展程度而言，加德纳认为智力发展水平受教育本身和外在环境的影响，每个个体都能够在适当的外界刺激和自身努力下发展自己的任何一种智力，并且每个人的智力都有独特的表现方式，每一种智力都有多种表现方式。为此，社会应该为公民提供多元成长路径，为不同智力优势的人们搭建不同的成长道路，使得每个人都能发挥自己的优势，做自己最擅长的工作。

英国资格证书框架体系特别是国家资格证书框架体系、资格与学分框架体系正是吸纳了多元智力理论的观点，打破传统上人才成长的“独木桥”制度，彰显了多元人才观。21 世纪英国的资格证书框架体系及其外部资格证书，将知识技能的层次以及学习的付出和时间作为主要依据，不计学习的形式和场所，不分正规教育和非正规教育，不论学术教育和职业教育，所有学习付出的价值都可以被承认，真正为所有学习者提供多元成长、多元就业的广阔通道。为此，资格证书框架体系的“普职融合”发展成为推动教育公平，落实终身教育、终身学习的全新教育理念和教育实践。

当然，英国“普职融合”的资格证书框架体系还受到了学习成果导向和能力本位观的影响。学习成果导向是一种全新的评价理念，与以往相反，它并不关注学习者的学习时间、学习地点、学习过程和学习方式，其核心理念是关注学习的结果，这是一种全新的教育评价方式。能力本位观是德国著名教育家凯兴斯·泰纳在20世纪30年代提出的，他认为，一个学习者获取的最好学习成果就是能够将所学知识都运用到今后所要从事的工作中去，教育应该把整个教学目标的重点放在提升从事某种职业的能力方面。学习成果导向和能力本位观，在英国资格证书框架体系的顶层设计、建构过程以及实施推广中都得到了很好的体现和应用。

第二章 英国“普职融合”资格证书框架体系的管理

英国实际上是“大不列颠及北爱尔兰联合王国”的简称，从地理上看，它主要由大不列颠岛和爱尔兰岛东北部一角组成；从国家体制看，英国是“联邦制”国家，有“国中有国”的说法，英格兰、苏格兰、威尔士和北爱尔兰就是其 4 个相对独立的联邦，也称邦国。在这 4 个邦国中，苏格兰具有最大的独立性，从 2014 年的脱英公投就可见一斑，它在地方政务、司法、卫生、教育、经济发展等方面享有较大的立法权和行政权，其资格证书框架体系也与其他邦国有很大差异。因此，为了确保研究对象的针对性和准确性，需要厘清的是，本文的研究对象不包括苏格兰的资格证书框架体系及其外部资格证书。英国资格证书框架体系主要采用 3 级管理模式，形成了联邦政府（中央层级）、各邦国管理机构（地方层级）和颁证机构（操作层级）的 3 级纵向管理体制，中央充分放权给地方政府和颁证机构，有效保障了资格证书框架体系及其外部资格证书的“普职融合”发展。

一、英联邦(中央)的管理机构及其职能

(一)英联邦教育部门的演变历程

英国的公立教育主要由联邦政府、各邦国教育局以及民间团体,通过合作协商的方式共同管理,中央政府很少对地方教育当局和大学进行直接干预,主要是发挥其指导、支持和协调、监督职能。然而,英国中央行政管理机构"教育部"的频繁更名及其职能变化,对本文的研究造成了一定难度。这种变化似乎和老舍先生描写的英国人的特性是分不开的:"英国人不爱着急,所以不好讲理想。他们愿一步一步慢慢地走,走到哪里算哪里。成功呢,好;失败呢,再干。"这种骑马找马的方式使得英国人特别关注现实,往往见子打子,所以英国人对"教育部"的频繁更名以及职能的变化,也与为了解决现实问题密不可分。要研究资格证书框架体系的顶层设计和管理体制,首先得考察英国教育部最近几十年的演变历程。

英国教育部的历次更名和职能变化,与教育在其发展的各个时段要解决的主要问题密切相关。1995 年前,英国人认为教育和科学都是国家竞争力的基础,政府需要将教育和科学合在一起统筹管理,才能更好地打造国家竞争力,为此教育部与科学部合为"教育与科学部"。到 1995 年,为解决当时社会就业难的问题以及培养大量优秀的技术技能人才,英国将教育部与劳动部合并成立"教育与就业部",举全国之力推行国家职业资格证书和国家普通职业资格证书,取得了显著成效。2001 年 6 月,为加大技术技能人才培养力度,落实终身教育和促进教育公平,英国将"教育与就业部"改为"教育与技能部",全力推进国家资格证书制度,构建全国统一的、"普职融合"的资格证书框架体系。2007 年,布朗政府将原有的教育与技能部拆分为两个部门——儿童、学校与家庭部和创新、大学与技能部。2009 年 6 月,英国创新、大学和技能部的部分职能又并入商业、企业和管理改革部,与此

同时，经过整合重组后的商业、企业和管理改革部，更名为“商务、创新和技能部”。到 2010 年 5 月，卡梅隆政府重新建立教育部门，全面负责教育和儿童服务。至此，教育部再次把主要精力放在解决教育公平，全面提升教育的管理服务水平上，其中一项非常重要的职能就是督促推进全国统一的资格证书框架体系。

（二）英联邦教育部门的管理职能

鉴于本章的重点在于研究落实终身教育推进资格证书框架体系“普职融合”发展时期的管理体制，所以侧重谈谈“教育与技能部”时期的管理机构及其职能。教育与技能部负责制定英联邦以及英格兰的所有教育和培训政策，因此框架体系及其外部资格证书的相关政策无疑也是由它推动和把控的。教育与技能部的部长由一位内阁部长担任，关于教育和培训政策的开发管理，由他直接向国会负责。同样，为了照顾各自邦国的利益，威尔士和北爱尔兰的国务卿也各自向自己的国会负责教育和培训政策。而真正对资格证书框架体系及其外部资格证书直接管理的最高权威机构，是教育与技能部下设的非行政部门性质的国家资格证书与课程管理局，它享受政府公共拨款并可获得社会捐助，代替国会全面行使外部资格证书的一切管理职能。2008 年 4 月，国家资格证书与课程管理局被新成立的“英国资格证书与考试中心”接管。国家资格证书与课程管理局和资格证书与考试中心不仅是英国国家资格证书框架体系、资格与学分框架体系及其外部资格证书管理的中央层面的业务机构，而且负责英格兰国家资格证书框架体系的管理工作，当然也就包括对英格兰外部资格证书的考评管理。由于下节要对各邦国管理机构分别作介绍，本节就不再对国家资格证书与课程管理局和资格证书与考试中心进行赘述。

二、各邦国(地方)的管理机构及其职能

(一)各邦国的权威管理机构

英国国家体制的特殊性,造成了其教育体制的特殊性,各邦国(地方)教育部门有着很强的独立性和自主性。虽然英格兰、威尔士和北爱尔兰3个行政区的教育在某种程度上还有着千丝万缕的联系,但苏格兰的教育则几乎完全自成体系,不受联邦政府约束。

在英格兰,资格证书框架体系的权威管理机构是国家资格证书与课程管理局。同时,资格证书与课程管理局还是英国资格证书框架体系的联邦(中央)管理机构。资格证书与课程管理局的建立实际上也展示了英联邦政府的一种决心,那就是要促进普通教育资格证书与职业资格证书的大融合,消除职业教育与普通教育的传统差距,为更多的人创造终身学习和成长成才的公平机会。按照《1997年教育法案》要求,资格证书与课程管理局由国务大臣任命8~13名委员组建而成,委员会设一名主席和副主席。资格证书与课程管理局对各位委员的要求非常高,委员的来源背景也十分广泛,这充分体现了资格证书与课程管理局对普通教育证书、职业资格证书要整体把握和调控的思想,同时展现了英国终身教育、技能教育和教育公平的理念。委员有各级学校校长、教授、工商企业界知名人士、地方教育官员、政府官员等,这些委员要求精通并能够熟练运用教育法规、培训法规,具备在工商业、产业界以及金融业等领域的能力或从业经验。委员会还根据自身职责使命要求,下设公共服务部、公共政策部、课程发展部、普通教育资格证书和普通职业教育资格证书部、职业资格证书和行业标准部等管理执行部门,全面落实政府赋予的职能。资格证书与课程管理局的主要职能在2008年4月,被新成立的英国资格证书与考试中心接管,成为一个独立的资格与评估管理机构,直接对国会负责。

在威尔士，负责资格证书框架体系的管理机构是威尔士课程与评价局。该机构由国务大臣任命 10~15 名成员组建而成，一般设主席和副主席各一名。成员也被要求精通教育、培训相关知识或具有相关从业经历，具备在职业岗位、贸易以及其他专业领域的知识和经验。威尔士课程与评价局的主要职能后来被新成立的威尔士儿童、教育、终身学习和技能部(Department for Children，Education，Lifelong Learning and Skill，DCELLS)取代。

在北爱尔兰，管理资格证书框架体系的权威机构是北爱尔兰课程、考试及评估委员会，同威尔士课程与评价局和威尔士儿童、教育、终身学习和技能部一样，它们管理的外部资格证书都不包括国家职业资格证书，那是资格证书与课程管理局和资格证书与考试中心的管理权限。

谈及为什么国家职业资格证书的评估认证只由资格证书与课程管理局负责，这得从国家职业资格证书的形成与发展历程说起。为了整合社会上纷繁复杂的职业资格证书，撒切尔夫人政府呼吁要将伦敦城市行业教育学会、英国商业与技术委员会(Business & Technology Education Council，BTEC)以及区域性的其他考试机构整合，形成一个全国性的、联合的职业资格证书及认证体系，并于 1986 年成立了国家职业资格委员会，全面开发和管理国家职业资格证书。国家职业资格证书的产生与发展一直是由中央政府自上而下强力推进的，因此，各邦国的管理机构都没有权限参与管理，这种传统到后来一直被延续。

(二)各邦国管理机构的职责任务

为了确保资格证书框架体系特别是其外部资格证书管理的质量、严谨性以及标准的一致性，提高公众对外部资格证书的认可度，资格证书与课程管理局、威尔士课程与评价局和北爱尔兰课程考试及评估委员会3 个地方管理机构(通常也称权威机构)紧密合作，并且还与其他关联部门和机构保持密切的联系，比如高等教育质量保障委员会、国家标准制定机构、颁证机构、监督和资助机构，等等。除了课程管理等业务外，仅仅就外部资格证书管理而言,以上所述管理机构的主要职能包括以下 3 个方面:一是持续监管外部资格证书的各个方面;二是开发并发布外部资格证书的评估认证标准;三是认证或授权认证外部资格证书。在实施对框架体系及外部资格证书的管理中,3 个权威机构具有十分明确的职责任务(表 1)。

表 1　地方管理机构的主要职责一览表①

序号	主要职责描述
1	改善教育和培训的公平性,增强教育和培训的参与度与吸引力,提高教育和培训的成就感,从而在英格兰、威尔士和北爱尔兰更好地支持个人发展和实现政府目标
2	通过厘清各种资格证书的关系和广泛的等值性鼓励终身学习,支持多样化的学习模式,个人可以根据需求、适合自己的情况进入这些学习模式,通过国家资格证书框架体系获得进步
3	授权认证并监管在教育和培训中能够满足申请者和用户需求的一定范围的资格证书,在合适的地方提供一个合理的选择和创新空间,避免不必要的重叠和重复
4	促进学习者广泛学习,组合和选择不同类型的资格证书学习,从而在必要时发展自己的关键技能和专长
5	通过对资格证书高效、有效和公平地认证、监管以及后续跟踪,提高公众对资格证书质量、严谨程度、成本效率以及标准一致性的信心
6	为进入高等教育以及就业和继续深造提供更加清晰的发展路线,从而实现高级别资格证书更高的连贯性和一致性
7	确保有效和高效的管理能够运用于咨询,以及反对被提起上诉的颁证机构的决策中
8	确保合适的管理运用于对当局管理机构的决策监督中
9	确保颁证机构和权威机构在处理使用国家资格证书系统的各个主体之间关系时能够快速行动
10	针对特定的目标,通过颁证机构和权威机构,定期清晰地向大众反馈进展情况

① QCA, Arrangements for the Statutory Regulation of External Qualifications in England, Wales and Northern Ireland[Z].2000:3.

为了很好地完成其管理任务，各邦国管理机构还制定了一系列的配套政策和举措，包括开发、发布和监管外部资格证书的认证标准，开发和发布外部资格证书提交认证的流程和程序细节，开发和发布外部资格证书认证后的监管和报告细节，从外部资格证书认证的各个环节和事后监督环节都严把质量关，充分保障资格证书申请者和使用者的利益。下面简要介绍部分政策和措施，以便更加清楚地了解这些地方管理机构的职责是什么，以及它们到底做了些什么。

就外部资格证书的认证标准而言，一种资格证书要提请认证首先必须满足这种资格证书的认证标准，这是先决条件。这些标准的开发不是管理机构一家之言，而是需要协商主要利益相关方，保证认证条款能够满足全方面的需求，并且维护认证的质量和一致性。当然，这些标准制定后也并不是一成不变的，而是持续地保持改进和审查，若有必要，随时更新后再重新发布。

就外部资格证书认证的流程和程序而言，除国家职业资格证书由资格证书与课程管理局全面负责外，其余外部资格证书的认证都由三个机构独立实施并通力合作。在资格证书能够被认证和被推广之前，管理机构通常会选择一定范围的学习者和学习培训中心进行试点。管理机构还可以在资格证书认证之后，预设一段时间用于复审，并保持对资格证书认证的记录。如此即可保证资格证书认证流程和程序的科学性、严谨性和公开性，从而提高外部资格证书的公信度和吸引力。

就认证后的监管任务而言，在外部资格证书认证后，管理机构将根据认证标准的要求，系统地监督颁证机构。管理机构还将共同制订监管计划，以确保颁证机构工作的质量和廉洁。针对特定学科或领域认证的一致性和标准，管理机构还特别设计了循环监控和调查的环节，持续地监督颁证机构。这些颁证机构也会被告知影响其行动的结果，因为管理机构会分别发布他们的监管和报告结果。同时，为了确保监管任务的及时性和有效性，管理机构还要就其认证后期的监管结果，以及更加广泛的监管职能，定期向社会公开发布。

三、资格证书框架体系的管理末端:颁证机构

(一)颁证机构与考试中心

颁证机构是英国资格证书框架体系及其外部资格证书管理的最后一级组织,也是资格证书认证和颁发的具体操作机构。颁证机构往往下设或者授权多个考试中心,协助其负责考评认证等各项具体工作。比如,英国牛津剑桥和皇家艺术联合会考试局(OCR)在全国范围内注册的中心多达 8 000 个,伦敦城市行业协会下设(授权)中心也有 7 500 个。因此,颁证机构加强对考试中心的规范管理,是外部资格证书质量保障的最后一道防线,也是各级机构管理的重点环节和任务。具体的管理和要求如下:一是对考试中心的管理职责要尽可能清楚和简化;二是考试中心和资格证书申请者都必须系统注册;三是资格证书申请者完成所有学习内容后,应该得到管理机构认可的对应级别资格证书;四是坚决遏制可能存在的欺诈性和错误性地获取证书;五是无论以何种形式申请更换证书,都必须明确注明并且完成所有规定流程后方可实施认证。另外,颁证机构还需要协调考试中心宣传和发布管理机构关于有特殊考评认证需求的管理规定,以及咨询和申述程序等,确保各考试中心能够把国家政策和相关要求准确、及时地告知资格证书申请者。

(二)颁证机构(以 C&G 与 AAT 为例)

英国的颁证机构种类繁多、数量庞大,给人眼花缭乱的感觉。在这些颁证机构中既有政府支持的,也有民间性质的。据统计,英国现存政府认可的颁证机构多达 144 家,它们所颁发的证书全都被纳入国家资格证书框架体系之中。从这 144 家颁证机构的分类来看,最多的是专业类颁证机构,共 89

家，占总数的 61.81%；其次是综合类颁证机构，共 32 家，占到总数的 22.22%；体育休闲类和艺术类颁证机构分别有 15 家和 8 家。然而，英国最主要的颁证机构还是著名的伦敦城市行业协会、评价及质量保证联合会、牛津剑桥和皇家艺术联合会考试局、优质证书考试局，这 4 家综合性颁证机构所颁发的证书占到了颁授证书总量的一半以上。下面详细介绍几家主要颁证机构的组织构成以及颁证种类等情况。

首先来看英国最大的民间颁证机构——英国伦敦城市行业协会，它是伦敦市政府和 16 个行业工会于 1878 年联合组建的职业技能教育组织，距今已有 140 余年历史，是真正名副其实的“百年老店”。1884 年该协会就已成为面向全国的职业教育和资格等级考试和颁证机构，而目前它依然是英国主要的资格证书颁证机构。伦敦城市行业协会集团由 C&G、C&G 国际部、Pitman 资格证书管理中心、NEBS 工商管理资格证书管理中心和 C&G 培训咨询中心构成。伦敦城市行业协会主要专注于工作岗位类、服务类以及普通教育类资格证书的考评认证，在全国颁发国家认可的资格证书超过 500 种，其中大部分是国家职业资格证书，另外伦敦城市行业协会还面向全球 85 个国家和地区颁发证书，具有颇负盛名的国际影响力。伦敦城市行业协会颁发的证书几乎涵盖了工商业的所有领域，包括农业、园艺和动物保健，商业服务，计算机和信息工程，建筑和建筑服务，创意艺术，教育、培训和发展，电子电气工程，美容美发服务，医疗与社会保健，酒店餐饮，休闲旅游，传媒电信，加工工业，生产及机械工程，零售、仓储和销售业，科学技术，运动娱乐，纺织、制衣和皮革业，交通运输工程等行业领域。要获得以上这些领域的证书，其课程学习地点选择面非常广泛，包括得到认证许可的学校、继续教育学院、培训机构、公司和成人教育机构等，大概有 7 500 个学习中心提供 C&G 资格证书课程；学习形式也十分灵活，可以是全职、兼职、夜大或者远程教育。伦敦城市行业协会并不规定最短课程学习时间，而时间的确定主要取决于资格类型的变化和个人学习中心的进度安排。

其次再关注一个专业性非常强的颁证机构——英国会计专业人员协会（AAT）。该协会成立于 1980 年，得到了英国公共财政与会计特许协会

（CIPFA）、英格兰及威尔士特许会计师协会（ICAEW）及苏格兰特许会计师协会（ICAS）的支持和帮助，专门为会计和金融行业从业人员提供资格证书和专业发展帮助，现有遍布全球的会员和准会员十多万人。会计专业人员协会颁发的证书分为 3 个等级，即初级证书（NVQ/SVQ2 级证书）、中级证书（NVQ/SVQ3 级证书）、技师证书（NVQ/SVQ4 级证书）。会计专业人员协会证书面向所有人开放，无论年龄和其之前取得的证书种类，任何人都可以通过大学或者培训中心获得，可以兼职、全职乃至远程学习。获得会计专业人员协会会计资格证书的学生，可以申请成为会计专业人员协会的会员，这将使他们能够持续发展其专业技能并且得到会计专业机构的支持。也就是说，这些专业性非常强的颁证机构关注的不仅是学习者的现在，还有他的未来。

第三章 英国"普职融合"资格证书框架体系的设计与开发

资格证书框架体系的设计建构是一项系统而复杂的工程,政策制定者需要确定围绕什么样的战略目标,采取什么样的策略技术,以及如何推进政策措施落地,等等,才能构建一个系统完善、透明公平的框架体系。为此,英国政府的政策制定者在终身教育、新职业主义以及多元智力理念指导下,在重振英国教育和产业发展的顶层目标牵引下,确立了提升终身学习(教育)和资格证书质量的两大主要目标,同时充分考虑到框架体系的内容边界、管理机构等其他设计特征,以证书等级和等级特征描述作为框架体系开发的核心技术路径,通过协调利益相关方,从规范资格证书的标准、颁证机构的标准、考评过程的标准来确保资格证书的质量以及框架体系的执行,从而构建出独具英国特色的国家资格证书框架体系,引入学分概念后又发展成为资格与学分框架体系。这些理念植入和实践探索,后来也成为世界各国在构建本国国家资格证书框架体系时的重要依据和范本。

一、资格证书框架体系设计的目标维度

目标和维度是设计资格证书框架体系需要考虑的核心要素。目标和维度是纲目的关系。目标是维度的指南,也是构建整个框架体系的指南;维度是目标的具体体现,也是框架体系的主体架构。因此,要研究英国资格证书

框架体系，需要先从考察其设计的目标与维度开始。

（一）资格证书框架体系的核心目标

确定要达到的核心目标是设计建构资格证书框架体系的首要步骤。通常情况下，提升终身学习（教育）和资格证书质量两大主要目标，是国际上构建资格证书框架体系公认的核心目标，英国也不例外。当然，不同国家或许还有不一样的目标任务，比如南非引入国家资格证书框架体系的主要目的就是促进社会公平和实现社会救济。

随着终身教育理念的深入推进，世界各国越来越清楚地认识到终身学习对提高人们职业迁移能力的重要性。当今社会，技术革新、经济发展以及职业变迁速度越来越快，人们若不能及时获得教育和培训的机会，很可能被飞速发展的社会边缘化，这就需要从国家层面为人们设计更加广泛、便捷的教育培训项目。这些项目要让人们学习和培训的方式变得更加便捷，学习成果的认定变得更加容易，学习成果的运用变得更加广泛。构建普通教育与职业教育相融合的资格证书框架体系，就能很好地实现上述要求的国家意图。

另外，20 世纪英国资格证书体系混乱、证书与经济社会发展严重脱节等现象，迫切需要通过提升资格证书的质量和社会公认度来改变。不同颁证机构的证书标准、考评标准存在差异，导致人们对资格证书持有者拥有的知识和技能缺乏足够信心，也不能很好地判断和界定。资格证书框架体系的建立，可以为所有的资格证书制定一致的证书标准、考评标准，搭建起可比较、可融通的清晰平台，从而消除职业教育、普通教育以及各级各类证书间的差异。一个体系完备、等级分明、“普职融合”的资格证书框架体系的建立，不仅有利于提升英国教育培训的整体水平质量，也有利于帮助英国在国际上树立一个教育强国的良好形象。（图 1、图 2）

提升终身学习（教育）

包括如下目标：

- 提高对学习路径、资格证书及其相互关系的理解
- 改善教育和培训机会
- 提高参与教育和培训的积极性
- 简化简明学习路线/改善学习者和职业的流动性
- 增强和改善不同资格证书间的学分转换
- 增加以前学习成效的认可范围

图 1　资格证书框架体系的目标之一：提升终身学习①

提升资格证书质量

包括如下目标：

- 确保资格证书满足经济社会需求
- 确保教育培训的成果认证和应用标准一致
- 确保教育培训机构满足一致的质量标准
- 保障资格证书的国际认证与国内认证一致

图 2　资格证书框架体系的目标之二：提升资格证书质量②

(二)资格证书框架体系的主要维度

资格证书框架体系可以描述成由一系列的维度构成，表 2 显示了这些主要维度的情况。通常情况下，一个国家或地区要选择构建资格证书框架体系，需要从这些维度的连续体中从右到左选择一个点，并将这些代表维度的点组合成一个统一的框架。当然，所有的选择都必须围绕国家构建框架体系的战略目标。英国的国家资格证书框架体系，几乎包括所有的资格证书，例如普通教育证书、职业教育(岗位)证书以及高等教育证书，是由中央

① Ron Tuck.An Introductory Guide to National Qualifications Frameworks[M]. Geneva:International Labour Office,2007:11.

② Ron Tuck.An Introductory Guide to National Qualifications Frameworks[M]. Geneva:International Labour Office,2007:12.

管理机构即国家资格证书与课程管理局以及后来的国家资格证书与考试中心统一管理和开发的，制定了系列标准体系以确保资格证书框架体系和证书的质量，选择了以法律如《1997 教育法案》等为基础确定框架体系的国家权威地位，框架体系本身以学习结果为基础，以知识、技能和更广泛的能力为标准，以等级特征描述作为证书等级的依据，所有这些维度就构成了英国“普职融合”资格证书框架体系的主体架构。

表 2　资格证书框架体系设计的维度特征①

主要优势	设计维度特征 自……向……			主要优势
资格证书的一致性； 正宗的全国统一体系	包括所有资格证书	⟺	包括部分资格证书	更容易实现； 便于操作； 阶段性发展战略
能够与其他国家政策相联系的系统性改革	中央机构设计和管理		利益相关方开发和管理	便于鼓励协调利益相关方； 支持允许区域发展
政策协调； 质量保障	保障质量的监管体系		所有资格证书分类	便于与利益相关方沟通
强大的体系管理能力； 制裁不服从行为	以法律为基础		以自愿为基础	所有权确保利益相关方协同工作
建立在现有的学习体系上	学习投入构成等级描述		学习结果构成等级描述	独立的组织机构； 与外部框架体系相连
所有地区的教育和培训都相互关联； 能够与外部框架体系相连	等级描述确定证书等级		国家参考资格证书确定证书等级	建立在现有的学习体系上； 对新的高级体系有信心
与劳动力市场紧密关联； 更好地建立教育与工作的联系	基于能力标准的资格证书		基于学习单元或成效的资格证书	技能供给的传统延续； 建立在现有学习体系上

① Mike Coles.A Review of International and National Developments in the Use of Qualifications Frameworks [R].March, 2006:10.

当然,除了上述主要维度之外,可能还有一些因素影响框架体系的构建,比如政策改革的广度和深度、资金投入情况、改革的时间进度、利益相关方的情况、原有资格证书体系的复杂程度、质量保障系统的现状、与其他证书体系连接的必要性、中央管理机构的管理能力、框架体系预设的整体效果,等等。为此,英国政府在构建和推行国家资格证书框架体系的时候,充分考虑到邦联制的特征、原有证书混乱的现状等一系列问题,致力于构建全国统一的、"普职融合"的资格证书框架体系,并且为全球构建资格证书框架体系提供了十分珍贵的可借鉴蓝本。

二、资格证书框架体系开发的技术路径

如何构建国家资格证书框架体系,还需要考虑框架体系和证书开发的技术因素。一般情况而言,所有国家资格证书框架体系都有证书或者学习的等级划分,并且大多数确定等级独立于与水平相关的国家资格证书,即上文所讲的国家参考资格证书的维度。然而,也有部分国家在建立框架体系的初期,没有考虑到证书等级和等级描述,比如澳大利亚早期的资格证书框架体系,它就是通过框架把各联邦州的学校教育、职业培训和高等教育证书,粗略地联系起来。然而,英国则不一样,从建立之初,他的框架体系开发就考虑了证书等级和等级描述两个技术因素。开发等级系统的主要步骤:一是确定框架体系的覆盖范围;二是确定证书等级的数量;三是开发等级描述即证书等级的特征说明;四是制定等级描述提及的流程操作指南。

(一)证书等级(Levels)

在开发证书等级时,有一些敏感而重要的问题。比如,对不同资格证书的"价值"认定就是一个十分棘手的问题,特别是职业教育和普通教育资格证书就代表了不同的利益方,如何实现他们相对意义或实质意义上的等值,需要特别的技巧。另外,资格证书等级如何对应国家的有关规定或者如何

对应相应等级的薪酬待遇、晋升资格等,也是十分敏感而复杂的。重要的是,利益相关方要能够理解,同样等级的资格证书是在某些方面的等同,而不是一样。同一等级的资格证书可能在大小、范围上不同,甚至其目标也不相同。一种证书可能是为学习者向更高等级的普通教育学习准备的,另一种可能是彰显学习者在职场的能力水平。等值或等级一样,说明的是相关的资格证书与某一特定的标准相匹配,而这个标准就是我们后文要讲到的等级描述。

决定等级数量的起点是政策制定者(中央政府或者利益相关方)对关键资格证书和它们之间关系的理解,这种关系在国家资格证书框架体系中通常被叫作“相关性”。如果一个框架体系的构建不符合基本“常识”,它就不太可能被民众接受,也不太可能被民众理解。因此,几乎所有国家在构建资格证书框架体系时,都有一个明确的发展路线,从较低的中学学历(通常是义务教育结束)到高中学历,再到更高的学历。同时,还可以清楚地看到另外一条路线,一个学习者如何从较低的中学学历进入职业岗位专家的发展路线,甚至有的国家实现了学习者在这两条道路上有条件地自由切换。不同的国家,其框架体系的等级有所不同,一些框架体系的等级多达 12 个,也有的只有 5 个,但 2006 年以后大多数框架体系只有 8~10 个等级。

英国政府很好地融合了职业教育与普通教育,到 2004 年,框架体系基本上实现了对所有教育与培训类资格证书的全覆盖,等级划分形成了从入门级到 1~8 级的 9 级证书框架体系,包括初等教育证书,初中教育证书,高中教育证书,职业岗位工人的培训证书,职业岗位专家的培训证书,高等教育的第一学位、硕士学位和博士学位证书。学习者不仅可以有两条明晰的发展路线,而且可以有条件地在两条发展路线中自由切换,真正实现了职业教育与普通教育的融合发展。当然,在 2000 年框架体系建立之初,英国的国家资格证书框架体系还没有涉及高等教育资格证书的内容,等级也只有从入门级到 1~5 级的 6 级证书等级划分。(表 3)由于高等教育证书自成体系,具有独立完整的组织架构、证书体系以及规章制度。因此,为了研究更加聚焦和深入,如前文所述,本书所探讨的资格证书仅仅是英国资格证书框架体系中的外部资格证书。

表3　英国国家资格证书框架体系(2000年版)①

等级	普通教育证书	职业相关证书	职业岗位证书
5 4	更高等级证书		NVQ5 级证书 NVQ4 级证书
3 高级	A 水平证书	A 水平职业证书 (GNVQ 高级证书)	NVQ3 级证书
2 中级	GCSE 证书 A * ~C	GNVQ 中级证书	NVQ2 级证书
1 初级	GCSE 证书 D~G	GNVQ 初级证书	NVQ1 级证书
入门级	教育结果证明		

(二)等级描述(Descriptors)

等级描述即证书等级的特征说明,主要有两种类型:一种是基于学习投入型(学习的时间、地点及类型)的等级描述:另一种是基于学习结果型(学习者学习一段时间后所知道的和能够做的)的等级描述。采用学习投入型等级描述,资格证书框架体系必然要与原有的国家资格证书结构产生联系,这既有优点(已经在实施中)也有缺点(没有独立的参考点)。许多人认为学习结果型等级描述,是定义资格证书及其证书等级最理想的选择,因为它有很长的存在历史并且欧洲资格证书框架体系就是采用的这种方式。欧盟委员会对学习结果是这样定义的:个人获得的一组知识、技能和能力,能够在完成一段学习过程后得到证明,学习结果就是学习者在学习一段时间后所期望了解、理解或能够做的事情的描述。

选择学习结果型等级描述,是因为学习结果有着十分广泛的意义和价

① Department for Education and Skills UK.The Role of National Qualifications Systems in Promoting Lifelong Learning,Background Report for the United Kingdom [R].London,2003:12.

值。学习结果可用于多种目的,与个人的学习课程、单元、模块和学习任务相关联;学习结果还可能被国家当局用于定义所有资格证书、资格证书框架体系等;国际机构也可能运用学习结果促进各国间证书的透明、可比性、学分转换和认证。因此,按照这种逻辑,如果资格证书框架体系不选择学习结果型等级描述,似乎是非常困难和不符合常理的。如果对资格证书的结果没有比较清晰的描述,就不可能在不同类型的证书之间进行比较,也不能决定如何在国家资格证书框架体系中引入新的资格证书,那将大大影响资格证书及其框架体系的发展。

基于以上原因,英国的资格证书框架体系也采用了学习结果型等级描述,它还将知识(理解)、技能以及更广泛的个人专业能力这 3 种分类,作为等级描述的基础。我们以 4 级证书的等级描述为例,看看英国资格证书框架体系是如何按照上述 3 种分类描述 4 级证书的学习结果的。4 级证书表示持有者具备从事某领域工作或研究的专门学习技能,能够对高层次的信息及知识进行详细的分析。

此等级的学习适用于从事技术和专业工作的人们,或从事管理和开发他人工作的人们,4 级证书在等级上相当于高等教育证书。后文将详细介绍英国 9 级资格证书框架体系的所有等级描述,此处不再赘述。

三、资格证书框架体系开发的协调机制

英国政府构建的“普职融合”资格证书框架体系,试图打破普职教育的分隔、规范职业的入职标准以及推动终身教育发展,其实质是一场空前的教育革命,涉及教育领域甚至经济社会的方方面面。因此,框架体系的设计开发也必须得到利益相关方的广泛参与和支持,才能被更好地理解、认同和执行。为此,建立起利益相关方高效的协调机制,也是资格证书框架体系开发的重要内容。

(一)资格证书框架体系开发的利益相关方

除了教育部、学习和技能委员会以及其他政府相关机构外,还有一些机构、团体或个人在资格证书框架体系的开发中也发挥着十分重要的作用,如表4所示,所有这些组织、机构、团体和个人形成了资格证书框架体系的利益相关方,他们在框架体系的开发、执行和监管中扮演着不同的角色,发挥着各自的作用。

表4　资格证书框架体系利益相关方一览表①

序号	利益相关方
1	学习者/学生
2	政府部门
3	负责就业、经济发展、竞争和移民的政府部分机构
4	教育和培训供给者
5	颁证机构和质量保障机构
6	教师和相关培训人员
7	雇主和工人组织,或者更广泛的雇主和工人代表
8	社区和志愿组织
9	移民代表
10	专业机构
11	研究教育和劳动力政策问题的学术研究人员
12	培养教师和培训人员的教育工作者
13	就业指导专家

虽然参与资格证书框架体系开发的利益相关方很多,但他们中的大部分只能通过论文谏言、会议献策等方式间接地表达自己的意见,不能直接参

① Ron Tuck.An Introductory Guide to National Qualifications Frameworks[M]. Geneva:International Labour Office,2007:49.

与框架体系的设计开发、标准制定等。真正实质性参与的主要利益方是资格证书与课程管理局，资格证书与考试中心，威尔士课程与评价局，北爱尔兰课程、考试及评估委员会等主导机构，以及诸如中学阶段的考试机构、职业教育与培训机构、高等教育质量保障机构。由于研究的时间跨度大，上述机构在不同阶段其名称和职能都发生了变化，为了便于理解，本论文采用概括性的机构统称，把资格证书与课程管理局，资格证书与考试中心，威尔士课程与评价局，北爱尔兰课程、考试及评估委员会等主导机构统称为权威管理机构，其他不同时期的机构名称都分别归类到图3的机构统称中，这些机构就构成了英国资格证书框架体系开发的主要利益方。

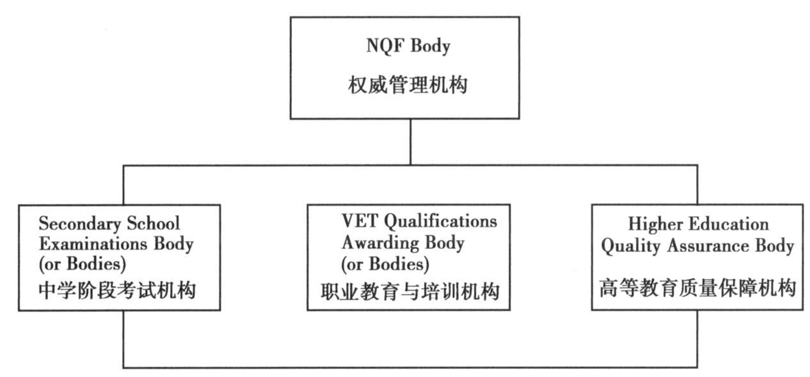

图3　资格证书框架体系开发的主要利益相关方①

(二)资格证书框架体系主要利益方的职责任务

前文就权威机构资格证书与课程管理局，威尔士课程与评价局，北爱尔兰课程、考试及评估委员会在开发、管理、监督资格证书框架体系中的主要职责已有详细介绍，此处主要介绍其他主要利益方在资格证书框架体系开发中发挥的作用。

① Ron Tuck. An Introductory Guide to National Qualifications Frameworks[M]. Geneva: International Labour Office, 2007: 32.

在高等教育部分,课程和资格证书开发是一个完整的过程,每一所大学都负责开发自己本校的课程项目和资格证书,而课程和证书的质量保障主要是基于同行评审制度来实现的。每一所大学都独立地开展考评(尽管包括来自其他大学的外部考评员),并颁发自己的学位和文凭证书。然而,如何确保同一学科在不同大学之间的可比性,以及如何实现与国家资格证书框架体系中其他证书的有机衔接,这就是英国高等教育质量保障机构的主要职责和任务。该机构不仅建立起各大学之间的对话机制,保障了高等教育证书文凭的质量和等值互换,而且还与资格证书与课程管理局,威尔士课程与评价局,北爱尔兰课程、考试及评估委员会以及苏格兰资格证书管理局(Scottish Qualification Authorities,SQA)通力合作,让高等教育的课程和证书能够反映国家资格证书框架体系的原则和要求,并支持增加政策目标的灵活性以及证书获取的便利性。

在中学教育部分,出于政治意义的考虑,教育部往往希望对中学阶段的课程保持密切监控。因此,在有全国学校考试制度的地方,教育部通常直接管理这些考试。然而,随着学科数量以及考生人数的增加,教育部无暇直接管理和应对。为此,先后资助建立了资格证书与课程管理局和资格证书与考试中心,协助其完成中学课程、考试大纲及资格证书的开发管理,前文对资格证书与课程管理局和资格证书与考试中心的职责任务已做介绍,此处不再赘述。

在职业教育与培训部分,资格证书的开发设计越来越依赖职业岗位的标准,这就意味着就业部门在职业资格证书的开发中发挥着主导作用。英国的行业技能委员会就是通过调查提供劳动力市场信息、行业需求战略分析等,协助权威管理机构规范职业技术培训课程设计模式,以操作标准、要素、单元、模块、证书的五级学习内容框架,组合编制职业岗位课程/资格证书的标准,推动职业资格证书的开发,以适应英国现代职业技术教育制度所提供的各种学习路径的学习需求,适应当代社会及产业对人才素质的需求。

(三)资格证书框架体系开发的协调形式与方法

一般情况下,任何通过公开咨询过程做出贡献的人或组织都应被视为利益相关方,然而,有的利益相关方想要表达自己的意见极为不易。他们可能没有一个具有代表性的组织,即或有这样的组织也许还与其他组织存在竞争,这就进一步增加了他们发表意见的难度。那些拥有组织的利益相关方,表达意见的渠道和程序也是十分复杂的,首先是要与团队其他成员在适当的时间进行协商,只有那些取得一致看法的意见才能通过该组织向权威管理机构谏言。

为保障资格证书框架体系开发的质量和效果,权威管理机构往往会协同利益相关方,采取如下措施建立广泛的共识机制:鼓励任何正式组织及其执行人员的广泛构成;设置公开宣传的咨询阶段;鼓励在互联网上发表论文和意见书;开展国际研究和咨询;展开对学员及雇主的正式调查;搭建有助于文件起草的广泛的专家咨询团队;开辟所有人都能对资格证书目的及标准进行质疑的公开渠道;召开部门协商会议(如就业、社区和志愿者部门的协商会议);组织利益相关方的双边会议;争取持续的政治支持;开展国外咨询,特别是劳动力和学习者流动密集型的国家与地区;参与国际组织和会议。资格证书框架体系的利益相关方,由于基于不同的利益目的和考虑,他们希望达成的效果和目标可能会不一致甚至完全相反。因此,协调机制有可能揭示和引发深层次的紧张关系。权威管理机构就会直面这些问题与困难,组织更加广泛的协商讨论,促进利益相关方的直接对话,增进他们的理解和妥协,从而建立起被更广泛理解、认可和尊重的资格证书框架体系。

第四章　英国“普职融合”资格证书框架体系的质量保障

资格证书框架体系是证书质量保障的工具，虽然并非总是如此，但是一旦资格证书框架体系形成了一系列的标准，那资格证书框架体系至少拥有了质量保障的功能。为此，英国政府建立起“资格证书的开发、颁证机构的设立以及学习成果的认证”全过程的标准体系，以保障框架体系及其资格证书的质量。同时，为了确保外部资格证书的质量，英国政府还规范了外部资格证书的考评流程及方法，从考评准备、考评登录、考评实施、考生成绩公布、试后问题处置、证书颁发等 6 个环节，全程把控外部资格证书的质量，从而大大提高了英国资格证书框架体系及其外部资格证书的社会公信度和吸引力。

一、资格证书框架体系质量保障的标准体系

其标准体系发展变化情况如下：《英格兰、威尔士、北爱尔兰外部资格证书管理规定》(以下简称《规定》)2000 年版，对资格证书及其框架体系的通用标准阐述相对简单，主要包括证书设计，评估、颁证及成果报告两个部分。2004 年版《规定》则是在 2000 年版《规定》基础上，总结经验，博采众长，不断修订完善而成，同时又吸纳了欧洲资格证书框架体系的先进经验，

制定出外部资格证书更加详细的通用标准。这些标准包括了各种类型、各种层次资格证书的内容、考评和结果报告等标准，以及颁证机构的设立标准和操作规范，是一套系统的标准规范和管理制度，为英国外部资格证书及其框架体系的质量保障奠定了基础。

（一）质量保障的要素之一：证书标准

为了给使用者呈现一个非常清楚的、规范的资格证书框架体系，英国政府对外部资格证书的内容制定了一系列标准，包括统一资格证书的凭证、结构以及学科问题标准。这些内容标准的统一，改变了以前外部资格证书混乱的名称体系、互不关联的结构体系以及五花八门的学科名称，为外部资格证书及其框架体系的“普职融合”扫除了障碍。

1.资格证书的证件标准

就外部资格证书的证件标准而言，必须按照顺序依次呈现颁证机构、证书等级、证书类型、证书内容和签名签章等五项必备信息（图 4），其余信息则根据需要可以从管理机构处获得。每一种证书都有相应的证书内容目录，证书内容目录要求简明扼要，其涉及的学习领域既要和其他相关领域区分，又要和其他同类型和同水平的资格证书在内容和范围上具有可比性。

2.资格证书的学科内容标准

构成外部资格证书的基本元素是单元，通常情况下每种资格证书都是由若干个单元构成，只有很少一部分是一个单元就等于一个证书。单元又分成必修单元和选修单元，必修单元是要获得证书的所有学习者都必须学习并且考试合格的单元，而选修单元则是学习者根据自身需要，从提供的选修单元目录中选择学习规定的单元数量，并且考试合格即可。例如，获得国

LCCI(伦敦工商协会)

NVQ等级证书

British NVQ Certificate

兹证明

This is to certify that

刘 ××

Liu ××

已通过

has been awarded:

企业行政管理四级

职业标准书面考试及现场考评的资格测试

Business Administration Level 4 having successfully completed both the written examination and the assessment of practical competence

身份证号：511221××××××××××××　　证书编号：123011××××××

ID Number:　　Sequential No.

考评中心编号：NC12001　　发证日期：2004年9月

Center registration No.　　Date of Issue:

伦敦工商会考试局 Nigel Snook

Chief Executive

Signed on behalf of London Chamber of Commerce and Industry Qualifications

图 4　外部资格证书样本

家机械工程 3 级证书至少需要完成 10 个单元的学习，包括 4 个必修单元和 6 个选修单元。同时，每个单元都有其相应的学分和等级水平，这就便于不同证书类型以及水平之间的比较和转换（表 5）。当然，学分值的赋予和等级界定必须符合权威机构的相关规定。单元的推出不仅有利于将资格证书模块化、满足学习者多样化的学习需求，有利于通过相同单元将不同资格证书之间建立起相关性联系，而且还有利于通过选修单元适应社会对资格证书的发展变化需要。

表 5　国家机械工程三级证书必修单元等级学分对比表①

单元代码	单元名称	学分等级对应关系	
		等级	学分
6467B（1/2 单元）	计算机工程应用	2	5
12601C（1/2 单元）	产业与社会	3	6
1667C（2 单元）	制造技术	3	20
1668C（1 单元）	科学	3	10
1669C（1 单元）	科学	3	10
13866B(1/2 单元)	电子电气原理	3	7
1675C（1 单元）	工程制图	2	10

因此，外部资格证书的学科内容标准设计也十分重要，它直接与单元名称和资格证书的主题相关，能够让学习者和证书使用者对资格证书的实质一目了然。单元的学科内容必须与外部资格证书的目的一致，必须指出要求掌握的知识、技能以及其广度和深度，描述证书获得者学了什么、能够做什么。如果资格证书是与就业相关或者直接针对某种职业、专业，那么学科内容标准要参考相应的国家职业标准和专业标准，与学科标准和行业标准保持一致。另外，单元的学科内容标准还应考虑精神、道德、伦理、社会、经济和文化问题，可持续发展和健康安全问题，甚至要符合欧洲和国际标准。单元的学科内容标准要与其学科、行业以及水平相适，展示学习者在计算、交流、信息技术以及与他人协作方面的能力，提高学习者学习和解决问题的能力。总之，单元的学科内容标准设计就是要解决资格证书名与实的问题，从根本上解决“普职融合”不对称、不对等的问题，只有“名副其实”才能让证书具有合理存在的价值，也只有“名副其实”才能让学习者将其所学转化为所用。

① Northern Ireland Credit Accumulation and Transfer System Credit Equivalence Project. Panel Report of Credit Equivalence values for Level 3 Mechanical/Manufacturing Engineering Qualifications[R].2001:8.

(二)质量保障的要素之二:机构标准

1.颁证机构的设立标准

颁证机构是英国资格证书框架体系及其外部资格证书的管理末端,也是具体实施证书认证和颁发的操作机构。英国政府对颁证机构的审批和管理非常严格,提出申请的机构首先必须具备与之准备颁授的证书匹配的资金、技术和人才资源,然后再向管理机构(也就是上文谈及的资格证书与课程管理局,威尔士课程与评价局,以及北爱尔兰课程、考试及评估委员会)报送其证书授予计划、合作机构以及质量保障管理等相关信息,在管理机构审查通过之后,才有资格开展外部资格证书的相关评估认证和证书颁发工作。对颁证机构的条件要求、评估过程管理和质量保障,在外部资格证书的通用操作规范中做了明确的规定(表6)。颁证机构还要求具备面向所有群体,包括有特殊需求的证书申请者提供证书服务的能力,比如处于心理疾病、身体残疾、家庭危机等不利状况下的学习者,这些标准的设计充分体现了全纳教育和教育公平的思想理念,也代表了21世纪英国教育改革的发展方向。

表6 颁证机构的设立标准及操作规范一览表①

序号	内容描述
1	颁证机构需要全面地理解和把握国家资格证书框架体系,具备颁发证书领域高水平的专业知识、合适的评估方法和语言应用。评估语言以英语为主,也可根据需要采用威尔士语和爱尔兰语;具备向广大群体颁证的能力,避免不必要的申请障碍,确保向所有申请者提供公平、公正的评估机会,包括那些有专门评估要求的申请者
2	颁证机构可以是一个独立体也可以是联合体,如果是联合体,必须清楚地界定各联合体的职能

① QCA.The statutory regulation of external qualificationsin England, Wales and Northern Ireland[Z].2004:9-11.

续表

序号	内容描述
3	颁证机构必须建立翔实而透明的相关制度，比如组织机构、管理和执行以及解决利益纠纷的制度和预案，并且具备足够的资源去完成必要的管理任务
4	颁证机构需要制订一个独立的、负责每一个资格证书质量和标准的问责制，建立一套系统的管理制度，哪怕是随着时间的推移，也能够确保资格证书的可比性
5	颁证机构需要对提出的条款制订可行性计划，以便根据权威机构的目标任务进行审查和评价
6	颁证机构应密切配合权威机构，以确保国家政策的落实，并且如果其有意将一种资格证书退出国家资格证书框架体系时，应该及时告知权威机构。退出的信息将报告给中心公布，以保障申请者的利益
7	如果颁证机构同时也是标准制定机构，它必须采取有力措施，处理好不同角色之间存在的潜在利益冲突，必须清晰地区分作为颁证机构的任务和其他角色的任务。这些多重身份既不能构成障碍，也不能成为限制性做法
8	如果颁证机构同时也是资格证书教育培训机构，它同样需要一个非常清晰的、相分离的管理制度，必须清晰地区分作为颁证机构的任务和其他角色的任务。这些多重身份既不能构成障碍，也不能成为限制性做法
9	颁证机构如果特许或授权其他机构颁发资格证书，必须告知权威机构，并且他们之间的合作协议需要得到权威机构的认同。任何代表颁证机构授予的资格证书，都必须满足通用操作标准的要求，并且颁证机构必须保证其合乎规定
10	颁证机构必须向权威机构真实地提供与颁证或者认证有关的任何费用方面的信息和证据

2.颁证机构的操作规范

英联邦以及各邦国的管理机构，对加强资格证书框架体系中所有证书的监管有着不可推卸的责任，确保能够满足证书使用者的需要。为此，管理机构要求颁证机构提供关于资格证书的结构、内容和评估等详细信息，同时确保资格证书的认证不能超过相关行业和学科领域的有关规定。比如，普通中等教育学科标准中只有“艺术”这个学科名称，颁发的证书就只能是“艺术”而不能是“环境艺术”或其他名称。管理机构会对颁证机构提供的数据和信息进行甄别，如果其认证超过相关行业和学科领域的有关规定，以及颁证具有重复或相似之处，那么颁证机构的相应认证资格就得不到审批。

颁证机构在向管理机构提交完整的认证方案时，必须设置一些条款，确保每种资格证书都能够满足以下要求：①创新考评和证书转换方法，尽可能为证书使用者带来好处和便利；另外，颁证机构的申请报告必须有市场调研作为支持，比如考试中心和证书申请者的预期数量等。②提供发展的机会，包括进一步学习、资格升级以及工作和就业的机会。③能够得到利益相关方的支持：一是教育和培训，资格证书的目的就是要让执证者能够在教育课程或资格升级方面取得进步；二是工作和就业，资格证书的目的就是要为执证者提供就业机会；三是简化规定和标准，资格证书的目的就是要为会员注册和会员需求提供便利。④资格证书的市场化和具体实施方式要能够确保具有可持续发展。⑤不得超出资格证书学科或行业领域的规定。⑥不需要已经获得资格证书的人再去维持其会员关系，除非有规定要求。当然，这种要求只适用于已经认证的资格证书，并不排除会员要求继续使用指定或持有执照的练习。

当某一种认证资格即将被撤销时，颁证机构必须和管理机构协商撤销的时间表，什么地方合适以及相应妥当的安排。同时，颁证机构要将相关信息及时通知其下属考试中心，充分保证申请者的利益。举个例子，如果伦敦城市行业协会决定不再颁发国家职业资格证书的各级别证书，它必须事先告知管理机构资格证书与课程管理局并协商好停止颁证的时间，对正在进行相关考试的学习者以及以前颁发证书的各种善后事情要妥善处理，确保证书使用者的利益不因颁证机构的资格撤销而受到损害。

(三)质量保障的要素之三：考评标准

无论是英国还是其他国家，传统的评价体系主要注重笔试考核，笔试考核的确是考察学习者对知识掌握及其理解能力的一种重要手段，然而它不能全面客观广泛地评价学习者的实践操作能力和知识应用能力。按照多元智力理论的观点，我们不仅要为学习者提供多元的成才道路、多元的教育资源，同时还要为学习者多元学习提供全方位的评价和认证。为此，英国政府开发了一套基于“结果和标准”的资格证书评价体系，这些“结果和标准”是在考核之前就设计好并且由学习者按照相关路径来完成学习的。

1.考评方法的标准

英国外部资格证书的考评是目标考评，也是独立评估，重在考察学习者的学习结果，也就是我们通常所讲的以“学习结果为导向”。考评机构不受任何外界干扰，而且和学习者的整个学习过程没有利益联系，从制度设计上保证了考评的客观性与公正性。外部资格证书的评估是基于其基本构成元素——单元的评价之上的，所有的评估方法都紧紧围绕资格证书设计的预期目的进行，也就是前文所讲的设计好的“结果和标准”。评价方法的设计必须坚持三个原则：一是有效性原则。评价方法要能够提供一个对技能、知识、理解和能力评价的有效途径，达到评价其所要评价内容的目的。举个例子，散文撰写就能够很好地测试学习者对语言文字的驾驭能力，但不能测试出一个人安装电线的能力，因此，散文撰写就是对语言驾驭能力的有效评价方法。二是可靠性原则。一般情况下，无论由谁考评，什么时间、什么地点考评，对学习者的特定表现，考评方法要确保其考评结果尽量一致，如此才能够证明考评结果的权威性和可靠性。三是实践和经济原则。考评方法的设计要尽量贴近学习和工作场所，而不是理论意义上的场所，当然还要本着节俭的原则充分体现成本效益。

2.考评模式的标准

考评方法的设计和规定形成之后，考评方法的应用就是保障评估顺利实施的关键。外部资格证书的考评方法，不仅对所有学习者的学习成果都可以提供可靠的评价，而且在必要的时候还可采取一些额外的评价步骤，这样使得学习者即使在不同的颁证机构或者不同的时间获得证书，其证书价值都是一致的，都具有可比性。考评分为外部考评和内部考评两种形式，无论是哪一种形式，颁证机构都必须确保评价系统和程序提供的结果是真实可靠的，而且还要采取措施保证学习者提供的信息具有相关性和真实性，能够证明其是否应该取得相应资格证书。

我们先看看外部考评模式的相关要求。颁证机构必须统一外部考评或者独立考评的标准，其管理任务包括以下内容：①设置任务以满足规定要求，这些任务要适合选择的考评方法，并且不受时间限制，具有可比性；②确保设置的任务与评价标准或者评分标准具有相关性；③确保评价标准或评分标准能够被考评人员准确理解，当然，这些标准只是作为学习者成果认证的一个样本，可以根据需要做出调整；④确保考评任务的执行，是由那些有足够资格并且与考评标准开发无关的人来完成；⑤在可能的情况下为考官或评估员提供指导，比如提供范例等，使他们能够更好地履行职责；⑥全程确保评估前期、中期和后期的安全；⑦充分考虑申报者和机构的数量与分布情况，以及评估要求和考评人员的经验，本着节俭的原则使用最小数量的考官完成高质量的工作；⑧原则上不要把考官和复核员安排在与他们有个人利益往来的考试中心，如果确实无法避免，要对他们所做的决定再核查；⑨要建立确保考评工作一致性的有效机制，包括跨英语、威尔士语和爱尔兰语的一致性。

同样，颁证机构对资格证书的内部考评也要制订相应要求，提供评价标准、样板资料等，充分保证内部考评的真实性、客观性和可靠性，内部考评的结果要经得起外部复核的最终审查。首先，颁证机构要为内部评估专家提供足够的信息，确保专家能够正确履职。这些信息包括：如何确保任务设置符合规范要求，可接受的佐证材料的类型和特征，在考评执行以前申报者可以改写材料的程度，申报者可以用于佐证其能力的外援限度，如何确保考评要求解释的一致性，考试中心可以跟踪申报者进展状况的最小数据信息，申报者提供用于考评信息的客观性，考试中心设计的替代考评方案不仅要符合标准要求而且还要得到颁证机构的书面许可等信息。同时，内部考评的结果必须经过复查才能正式生效。这充分体现了英国人严谨务实的风格以及政府周全服务的理念,从制度设计上,他们不仅很好实现了为申报者提供便捷多元的学习成果认证渠道,同时还要保证评价效果的真实性和可靠性,能够为学习者、用人单位以及利益相关方提供最权威的认证结果,引入第三方力量或者外部力量加以保障。

颁证机构要履行相应职责,确保内部考评通过复核:一是要求考试中心保留用于复查验证的记录和资料,包括问答记录;二是为考试中心内部复核提供指导;三是本着成本节约的原则安排外部或者独立的复核验证;四是为外部复核验证人员提供必要的指导以便其正确履职;五是确保参与外部复核的人员与考试中心没有任何利益关系,如果有,其复核结果要接受再审查;六是检查每个参与外部复核人员工作的准确性和一致性,编译每个人的报告结果,并对不满意的评判采取补救措施;七是当外部复核与内部考评结果不一致时,要确保所有相关工作重新评估;八是及时向考试中心反馈其评估决定的准确性和一致性,以及对其加强内部质量保障提出的必要行动。

3.结果报告的标准

外部资格证书按照规定的程序完成考评之后,颁证机构还要对其考评结果进行测定(Determination)、组合(Aggregation)和分级(Grading),形成清晰明了并且具有可比较的结果报告。结果测定是指颁证机构根据考试中心提供的评估信息来决定资格申报者的结果,结果组合是对资格申报者的不同考评结果(包括不同单元、不同时期、不同机构等)综合形成其总体成绩,结果分级则是将其考评结果划分成对应的各种等级(如NVQ5级、GCSE2级)。结果报告标准的制定使外部资格证书普职融合变得更有保障,规范的结果呈现让每一种资格证书都能很好地在外部资格证书框架体系中对应,也能与其他资格证书形成明确的比较关系。

在报告结果形成时,颁证机构需要确定其通过标准、分级界线和能力要求,确保其结果判定以足够的证据为基础,要把考评的全程记录作为结果测定和等级确定的重要依据。当然同样标题的标准在不同时期、不同机构和不同证书之间要具有可比性,结果测定的基础材料要向监管机构开放。同时,结果报告要经得起检验并根据需要做出调整,颁证机构还要加强技术和专业支持,为颁证者提供安全准确的判断。当评估结果是由多个结果组合而成时,结果报告就要非常清楚地阐述资格证书或者单元结果的报告形式,并且说明这些不同结果是如何形成最终的总体成绩或等级的,这样才能对组合结果的来龙去脉以及其展示的能力水平有清晰的认识。如果外部资格证书结果细分成若干等级,颁证结构就要提供足够的信息,让证书使用者能够准确区分不同等级的意义。不同的证书等级既是证书持有者申请高等教育的依据,又是其寻找对应就业机会的凭证。

二、外部资格证书质量保障的考评流程及方法

自2007年8月以来,英国14岁及其以上年纪的所有学习者都会得到一个属于自己的"唯一学习者编号",学习者可以利用这个编号登录资格证书与考试中心官网,根据自身需要选择资格证书的类型,依据标准显示从国家单元库中选取学习单元。学习者在完成外部资格证书或者单元的学习后,需要通过颁证机构的考评认证,才能让自己的学习成果得到官方认可,并录入伴随自己终身的学习成就记录仪。

如前文所述,英国外部资格证书管理机构对颁证机构的管理十分严格,颁证机构的证书计划、管理机制和质量保障等各方面条件,都必须满足相应的国家标准之后才能得到授权,才有资格对外部资格证书及其单元进行考评认证。颁证机构获得相应的证书认证许可之后,要向社会公布自己可以认证的证书种类、认证办法及流程等重要信息,并根据学习者的申请,按照一定的程序和要求进行考评认证。同时,管理机构对考评专家也有严格要求,所有的考评专家要向颁证机构,如优质证书考试局、牛津剑桥和皇家艺术联合会考试局申请,填写相应的申请表格,包括申请者的经历及资格证书详情等信息。申请成功后,颁证机构还要给予培训和支持,以帮助考评专家

更好、更公正地完成考评任务。下面,我们以牛津剑桥和皇家艺术联合会考试局为例,详细介绍颁证机构是采取何种方法、按照何种步骤对申请者的学习成效进行考评认定的。

(一)考评准备(Preparation)

这个阶段是考评工作的前站,颁证机构准备得越充分就意味着效果可能越好。颁证机构准备的首要任务就是让其考试中心具备考评的资格,考评授权后要及时向社会公布考试中心能参与考评的资格证书种类及名称,比如普通教育资格证书、职业资格证书以及其所属的证书名称,这个过程就是通常所说的中心认证(Centre Approval)。

颁证机构还要及时公布证书考评的时间表(Timetables)及信息变更,时间表包括资料发放时间、考试时间、结果公布时间等。一般情况下,普通教育资格证书如 A-LEVEL、GCSE 的考试时间是全国统一的,并且时间的安排要考虑诸多因素,比如周末、银行休息日、学校假期甚至有些宗教节日期间都不能安排考试。数据显示,牛津剑桥和皇家艺术联合会考试局发布的 2015 年普通教育资格证书 GCSE 数学、英语、英语语言的考试主要集中在 11 月,自 9 月 1 日起考生就可以在牛津剑桥和皇家艺术联合会考试局网站上进入数据库登记信息,11 月 3—13 日为考试时间,考试完毕后,2016 年 1 月 7 日向考生公布考试成绩。当然,有时还根据需要和统一安排发布临时考试时间表,这个时间安排往往在正常的考试序列之前一年发布,如果社会没有向资格认证委员会(JCQ)或牛津剑桥和皇家艺术联合会考试局提出异议,考试机构就会按照此时间表执行相关的考试任务。由于考试众多,可能存在时间冲突,对于如何处理这些时间表冲突的情况,资格认证委员会颁布的《考试执行指南》专门就此做了细致说明。从考试时间的灵活安排以及对各种可能问题的周到考虑,我们不难看出,英国全纳教育理念"不让一个人落下"的思想精髓已经渗透和融入教育的各个环节。

颁证机构还要就所有考试项目的收费情况(Fees)向考生和社会公布,

有些费用是资格认证委员会确定的全国统一收费标准，也有的项目是由颁证机构向物价部门申请审核确定的标准。通常情况下，由于涉及的程序更复杂、投入的耗材和人员更多等原因，职业资格证书考试的收费远远高于普通教育资格证书。牛津剑桥和皇家艺术联合会考试局发布的2015—2016年收费情况中提及，他们实际上为考生提供了很多广泛的、免费的支持和服务，包括学习资源、培训项目以及专家团队，并且强调自己是一个非营利组织，所有的费用结余都反馈给了教育。在牛津剑桥和皇家艺术联合会考试局收费清单(Fees List)上(表7)，非常清楚地反映了各种资格证书考试的收费情况，其收费主要以单元为量化单位。比如GCE会计(H411 Accounting)A水平证书有4个单元，每个单元的收费标准为£22.30，获取该证书的考试总费用为£89.20。

表7　牛津剑桥和皇家艺术联合会考试局证书考评的收费标准①

进入代码标题单项获证需求单项费用达成的总花费			
H011　统计	2	22.30	44.60
H160　艺术设计	2	22.30	44.60
H166　艺术设计:文本与批评	2	22.30	44.60
H161　艺术设计:美术	2	22.30	44.60
H162　艺术设计:视觉沟通	2	22.30	44.60
H163　艺术设计:摄像	2	22.30	44.60
H164　艺术设计:文本设计	2	22.30	44.60
H165　艺术设计:三维设计	2	22.30	44.60
H017　圣经希伯来语	1	44.60	44.60
H021　生物学	3	17.10	51.30
H030　商学	2	22.30	44.60
H034　化学A	3	17.10	51.30
H035　化学B	3	17.10	51.30
H038　经典	2	22.30	44.60

① OCR. Fees list 2015/16[Z].2015:7.

便利安排(Access Arrangements)是颁证机构为一些特殊人群或者特殊情况设置的一种应对措施。考试中心一般在课程开始前就要为考生申请便利安排,不同的证书考试其便利安排不同。对于普通中等教育和普通教育证书,考试中心应该使用在线工具、在线便利安排,通过信息交换平台(Interchange)为残疾学生、学习障碍学生、长期和临时的特殊情况申请适当的考试安排。考试中心还必须掌握和记录考生是否正在接受医疗救助,是否有暂时的身体伤害等,以便提供必要的帮助和应对安排。对于其他资格证书的便利安排,任何在线批准都将自动延长,因为考试中心要向资格认证委员会申请或者根据实际情况向牛津剑桥和皇家艺术联合会考试局特殊问题处理专家团队申请。“便利安排”充分体现了英国外部资格证书管理的灵活性和人性化,能够为所有争取进步的人特别是处于考试不利状况的人提供必要帮助和补救措施,不让一个人因自身特殊情况或特殊环境而掉队。

其次是数据库(Basedata)和培训内容(Intention to Teach)。数据库是用于储存考试相关信息的资源系统。为了方便考生登录系统,查询有关信息,考试中心需要将数据库中的信息导入自己的信息系统,这些信息包括考试的相关文件要求、提供的资格证书情况等。培训内容是指考试中心计划开展的有关教育、考试服务及其相关信息,可以方便考生根据自身需求了解想要报考的资格证书。考评准备阶段的流程如图 5 所示。

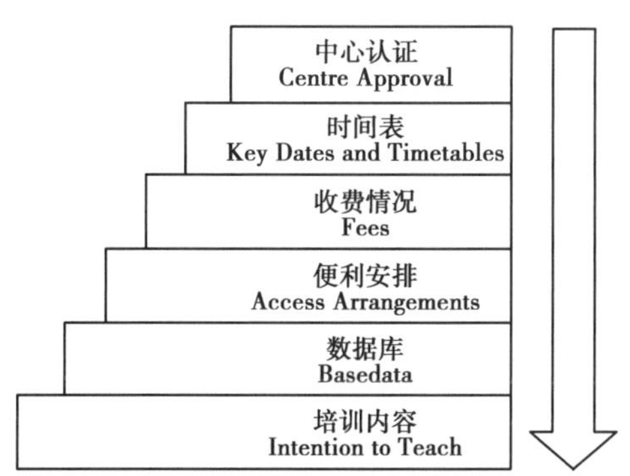

图 5　考评准备阶段流程示意图

同时,考试中心根据需要采集考生的基本信息,比如考生的姓名、家庭地址、邮箱地址、联系电话及传真号码等,考试中心会对学生的基本信息保密,如果没有得到考生的许可,不能向第三方提供考生的基本信息(除国家相关规定之外),充分保障考生的权利和隐私。

(二)考评登录(Entries)

职业资格证书和普通教育资格证书的登录流程有一些差别,因此,考试中心以及考生在登录前要仔细阅读相关流程及说明。牛津剑桥和皇家艺术联合会考试局的普通教育资格证书分为初步登录(Preliminary Entries)、估计登录(Estimated Entries)和最终登录(Final Entries)3 个步骤。初步登录是考试机构在规定的时间内、在指定的网址上进行登录,登录后可获取颁证机构提供的一些证书资料,但是初步登录不能代替估计登录和最终登录。估计登录相当于一般意义上的中期登录,是考试机构掌握考生报考某个单元或者相关证书人数的最好阶段,考生在这个阶段也是免费登录,并且不需要向考试中心提交任何详细信息。如果考试中心不进行估计登录,就不能获得早期考试资料,这些资料是考试中心必备的,包括实操考试的说明以及预发布的一些资料等。最终登录将提供每个考生的详细信息以及显示会执行的每次考试,最终登录的详细信息包括登录代码、组合规则、补考登录、终端规则、信息修改和提交方式等,这些在管理指南中有专门说明。最终登录能够让颁证机构充分掌握参加每次考试的人数及其他重要信息,以便更加合理地安排考场、试卷、设备以及监考人员等后续考评准备。

对于职业资格证书,有其特殊的登录类型、路线和方法(表 8)。职业资格证书主要有两种登录类型:一种是证书登录(Full Award Entry);一种是单元登录(Unit Entry)。所谓证书登录就是考生需要完成整个证书的考试而不是证书的单个单元考试,其登录选择的对象是某个证书;而单元登录则是考生根据需要逐个单元地完成考试,其登录选择的是某个单元。另外,职业资格证书还有两种登录路线,尽管一些资格证书只有一种登录路线可用,一种是命名登录(Named Entry),一种是非命名登录(Unnamed Entry)。命名登录是常用的登录路线，使用这种登录路线的考生信息都储存在数据库中，所以考生可以免去很多后续工作。非命名登录则是一种比较灵活的选择，考试中心通过这种方式向颁证机构，零散地预定一些单元或证书，而不用指明谁将选择这些单元、证书考试。其次，尽管一些资格证书往往只有一种方法可用，但职业资格证书的登录方法有两种：一种是 A2C 电子数据交换平台（Electronic Data Interchange （EDI） via A2C）；另一种是信息交换平台（Interchange）。

表 8　职业资格证书的登录类型、路线和方法列举①

证书	登录类型	登录路线	登录方法
剑桥国家证书	n/a	n/a	中心为 GCSEs 和 A 级确定预估进入与最终进入资格
剑桥进阶证书	单元登录	命名/非命名	A2C 电子数据交换平台/信息交换平台
剑桥工艺证书	证书登录/单元登录	命名	A2C 电子数据交换平台/信息交换平台
资格与学分框架体系证书	证书登录/单元登录	命名	中心确定进入的方式等

在登录阶段，涉及两个重要的灵活情况，一个是学分转换（Transfer of Credit），一个是考生转换（Transfer Candidates）。就是考生相同科目的学分可以在不同的考点、不同的资格证书间实现相互转换，考生也不局限在某个考试中心，而是可以选择不同的考试中心完成考试。学分转换和考生转换充分体现了外部资格证书设计的全纳教育理论和教育公平理念，学生可以在任何时间、任何地点学习，也可以在指定的任何考点参加测试，其学习成果都可以得到认可并相互转换。

牛津剑桥和皇家艺术联合会考试局的学分转换只针对普通教育资格证

① OCR. ocr-for exams-officers[EB/OL].http://www.ocr.org.uk/administration/stage-2-entries/.

书，我们以副A水平证书为例，指的是考生把在其他考试机构通过的副A水平证书学分，转移到牛津剑桥和皇家艺术联合会考试局的考试机构并累积到相同学科的副A水平证书中去。但是学分转换不是任何情况下都能实现的，只能在具有相同标准的考试指南以及被管理机构指定的证书之间进行，不能在新旧指南之间进行学分转换，因此考生不能将旧指南下的单元学分转化到新指南下组成一个完整的资格证书。如何申请学分转换，我们依然以牛津剑桥和皇家艺术联合会考试局的副A水平证书为例进行介绍。首先要在资格认证委员会网站上确定普通教育副A水平证书的学分转换是得到官方认可的。其次要填写申请表格，申请普通教育副A水平证书的学分在考试指南和颁证机构之间进行转换。对于申请学科如英语、历史和宗教研究，要确保申请资料包括设置文本和研究主题，否则牛津剑桥和皇家艺术联合会考试局不能处理相关申请。若有补考的情况，还要包括副A水平证书的所有补考信息，确保所有考生和考官在申请表上签字等。最后，在考试机构希望获得授权的某个学年10月21日前，将填好以及签字的申请表格通过邮件的方式发送至OCRASTransfers@ ocr.org.uk，牛津剑桥和皇家艺术联合会考试局将及时处理这些申请。

再看看考生转换。考生转换在牛津剑桥和皇家艺术联合会考试局也只针对普通教育资格证书，就是指考生从一个考试中心转移到另一个考试中心，但是考生的学籍身份保持不变，依然是某个中学或六级学院的学生，依然要承担原学校的学生责任。虽然考生所属的考试中心发生了变化，但原来的考号以及在考试系列中唯一的识别号不会改变。考生变更考试中心往往要收取一定费用，这些费用都经过相关部门审批并已向社会公示，主要由转入中心代为收取。如何才能成功实现转换？首先要确定这种转换在资格认证委员会考生转换管理规定上是可行的；其次要确定转入的考试中心在资格认证委员会注册并得到审批，具备相应的转入资格和条件；另外需要填写"考生转换申请表"，转出中心和转入中心都要在申请表上签字，然后将申请表复印件电邮至OCR.TransferredCandidates@ ocr.org.uk，或者在规定的最后期限（大约第一次考试前4周）之前直接邮寄到指定地址。

(三)考评实施(Assessment)

一般情况下,普通教育资格证书和职业资格证书的考评理念、方法和手段都不一样,普通教育资格证书包括内部考核和外部考试(统一考试),职业资格证书包括现场测评和上机测试等。在考评实施阶段,考试机构还为那些遭遇突发性身体疾病、家庭危机等特殊情况的考生,给予特别帮助以及重新考试等人性化照顾。

1.内部考核

内部考核包括非考试安排、课程作业、组合和控制考核,所有这些任务都是以考生作业(作品)为蓝本,资格认证委员会课程作业考核说明、控制考核说明以及非考试考核说明对上述考核办法做了相应规定。内部考核包括以下步骤,执行内部考核、考核打分、考生认证、考试中心认证、执行内部标准化、提交成绩、使用平台提交成绩、成绩提交修改、主考地址信息、样本要求、提交考生作业样品、外部复核、复核结果公布以及考生作业(作品)使用。

考试中心大概在考试执行之前一个月,就可以在信息平台上查看到牛津剑桥和皇家艺术联合会考试局的考试指南,需要在执行内部考核时提供哪些资料,如何展示考生作业作品等,以及组织应对可能出现的考试中心联合安排考试的情况。考试中心在给考生作业作品打分时,需要根据每个单元的考核说明和标准执行,不能随意随性而为,并且在每个考生的作业后面都要附上其打分单。所有考生都必须进行真实性认证,也叫“诚信宣誓”,就是考生对自己提供资料的真实性、使用了那些辅助资源以及得到了何种帮助要认证说明,如果考生拒不提交诚信认证书,其成绩将视为零分。同时,主考和考试中心也要对考生提供资料的真实性进行“诚信宣誓”,否则牛津剑桥和皇家艺术联合会考试局会让考生的成绩处于等待状态(Pending)直至提交诚信认证书为止。考试中心要求执行内部标准化,确保即使不同的主考对同一份作业作品考评得出的结论也是准确和一致的。

在完成学生成绩赋分后，考试中心会向牛津剑桥和皇家艺术联合会考试局主考提交考生成绩，如果考生没有提供作业，则以缺考处理。教师可以通过信息交换平台向牛津剑桥和皇家艺术联合会考试局提交成绩，如果完成提交后发现成绩有误，还可以申请修改成绩，并提供原始成绩和修改成绩，牛津剑桥和皇家艺术联合会考试局在成绩审核期间统一安排修改。在考试中心提交成绩之前，牛津剑桥和皇家艺术联合会考试局会将主考地址信息告知中心，以便教师能够把考生成绩以及作业样品准确无误地邮寄到指定人员的地点。一旦考试中心提交了成绩，牛津剑桥和皇家艺术联合会考试局将提出样本要求，样本包括考生提供的所有作业作品，样本大小则取决于所选单元或考生的数量，有些可能需要全部考生的作业，有些则只需要10~20个考生样本不等。通常情况下，为了保证结果的公正性，内部考核都要进行外部复核。外部复核是根据考试中心提供的作业样本，对学生的得分情况由第三方人员复核评价，在复核过程中，考试中心可能收到提供额外样本、笔误以及无效成绩的通知，考试中心必须按要求提供相关资料，修改笔误或重新打分。最后，在临时结果公布以及所有的复核环节完成后，考试中心会得到最终认可的考生成绩。至于考生的作业作品，如果仅仅是用于复核的样本则会返回考试中心，牛津剑桥和皇家艺术联合会考试局只保留少部分作为颁证范例、监管以及归档需要，其余作业作品一般要求考试中心至少保留6个月。

2.统一考试

统一考试主要针对普通教育资格证书，每年英国主要的几大考试集团都会联合发布考试说明，对考试准备、考前要求、考试要求、考试结束、考试之后以及补充要求等整个考试流程加以说明和规范。考试准备包括保持试卷和其他考试资料的安全、根据时间安排考试、使用计算器、考试参考资料、考场安排、监考安排、特殊监考安排以及其他安排等8个方面。考前要求包括考生身份确认、清点到场人数、检查试卷文具及设备、考试开始等步骤。

考试期间的要求包括监督考生纪律、考生迟到情况、完成考勤登记、现场违纪处置、提前离场要求、突发情况处置等。考试结束包括停止考试、考试资料收集。考试之后的工作包括试卷装订、试卷传送、未使用的文具回收以及特殊情况申请。补充要求则更多地强调相关规范文件以及监考要求。这些统一考试的流程和要求与我国现行统一考试制度虽然相差不大,但有些细节比我们更完善,甚至要求比我们更严格。

先看看试卷及考试文具要求。在考试当日,考试中心要为考生分发试卷和考试文具,牛津剑桥和皇家艺术联合会考试局要求其所有的考试中心都必须设立安全的保密室,以便保存考试相关试卷、答题纸等资料。按照考试规范要求,牛津剑桥和皇家艺术联合会考试局为考试中心提供的考试资料包括考试文具、答题纸、试卷、考勤登记册、试卷返回信封以及地址标签。考试文具包括方格纸、绘图纸以及数据册等,所有提供的文具物品都根据考试大纲要求执行。比如,公式册一般情况用于某种规格的数学考试,里面包括数学和统计表格,而考生本人不允许携带任何自制的公式册或复印件进入考场。每个考生都会收到一份属于自己的考试文具,这些文具可能存在差异,因为每个考生都可以根据自身需要合理申请不同的考试文具,这也充分体现了英国考试中的个性化、差异化设计和人本、人文关怀理念。

答题纸分为 12 页答题纸和 4 页附加答题纸,答题纸作为考试文具要在考试前送配至每个考试中心。答题纸分 3 种形式:一种是试卷插入式答题纸,就是封面是答题纸而后面插有试卷内容;一种是答题纸插入式试卷,即封面是试卷而后面插有答题纸;一种是试卷分离式答题纸,试卷和答题纸不在同一册子上。当考生用完 12 页答题纸之后,可以申请4 页附加答题纸,如果依然不够可以继续申请,但每一页附加答题纸上都要写上考生姓名、考生号、考试中心名称以及单元代码。

试卷分发分阶段进行,某些单元或部分的早期试卷资料根据登录信息发放,而考试当日试卷一般至少提前 5 个工作日发放至考试中心,在分发试卷的同时,牛津剑桥和皇家艺术联合会考试局还提供电邮号码,考试中心可以随时跟踪和查询试卷运输情况。试卷的包装颜色也有所区别,粉色包装是新版 AS 水平证书试卷,金色是其他证书试卷。在某些特殊的情况下,为了确保考试顺利进行,可以在考试开始之前通过信息交换平台安全下载试卷。牛津剑桥和皇家艺术联合会考试局一般在接近考试时向考试中心发放考勤登记册,以确保登记册是最新的。一旦发放了考勤登记册,牛津剑桥和皇家艺术联合会考试局将会持续整理和更新这些名册,以便能够将最新登录的考生囊括进去,所以考试中心一般要将旧的、新的登记册都保留下来,才能准确掌握所有考生的信息及变动情况。牛津剑桥和皇家艺术联合会考试局为每份试卷准备了回收信封,塑料信封虽然较为坚固方便,但可能会随着时间推移而老化,因此,牛津剑桥和皇家艺术联合会考试局往往会在每一批试卷中多配送一个信封。如果寄回物品中含有 CD、DVD 或者 USB 等硬质物品,考试中心应该给这些东西包装泡沫外壳后再放入塑料信封。牛津剑桥和皇家艺术联合会考试局可能会不断更新回收试卷的地址,考试中心要以最新的地址为准,如果一场考试的考生太多,每超过 40 人则新增一个标签以免试卷过多造成信封无法承受。

我们再来关注其试卷打分。考试结束后,所有答题纸都要妥善保存并及时送出阅卷打分,主要有以下几个步骤:完成考勤登记,检查和打包答卷,正确粘贴地址签、安全密封试卷袋、准备派送记录以及派送答卷。考试中心必须确保所有参考的考生都有考勤登记,并且明确考勤簿上每个考生的到场或缺考情况,尤其是迟到并且不在考场名单中的考生、在独立考场的考生、转移到其他考场的考生。如果考生之前被取消了资格但名字依然在考勤表中,监考员要叉掉其名字和考号;如果考生在答卷上使用了与考勤表不一致的名字,监考员要在考勤表上该生的名字后作特别说明,但不能在考生答卷上做任何特殊标记。考官完成考勤登记后,要收集整理试卷并在安全的条件下一一核对答卷和考勤表,在确定无误的情况下将答卷和考勤表对应装入规定信封。在答卷打包完后,监考员要在每个包装外壳贴上对应的标签,确保标签信息与信封内的单元或部分完全一致,不同部分的答卷即使地址标签一致也不能放在同一个信封里。监考员要确保所有答卷完好无损,安全密封后等待专人收取或派送。对于黄色的包装袋,考试中心要逐个填写派送记录表,而对于其他包装袋,一般建议保留派送收据及地址信息等以便跟踪查询。对于6月考试需使用的黄色包装袋,考试中心提前3天告知英国皇家邮政集团各分属机构,便会有专门机要人员上门收取,而对于白色包装袋,考试中心则需要联系自己选择的快递或派送公司集中收集。

3.认证申请

对于职业资格证书(不含考试单元),在完成初步评估后,考试中心要为每个考生提出认证申请(Certification Claims),这种认证主要是基于实操能力的认证。这也是职业资格证书与普通教育资格证书的不同之处,因为职业资格证书具有很强的针对性和个性化特征,不可能组织全国统一的考试,而是针对不同证书、不同考生以及不同学习进度,在不同的操作环境中进行。认证申请主要通过信息交换平台(Interchange)实现,牛津剑桥和皇家艺术联合会考试局为每一种职业资格证书都设置了详细的操作说明,比如职业资格证书、剑桥技术资格证书、基础技能资格证书网上认证申请办法等。至于什么时候提出申请没有特别的限制,只要考生认为自己的学习成果已经达到考评所需的水平即可,一般至少要在考试前2周申请为宜。针对考生作品提交,考试中心要在提交认证申请的24小时之内,把考生每个证书的相应作品提交给考官,当然很多测试都是考官到考试中心现场进行的,比如剑桥技术资格证书。考官会根据证书考试指南,针对考生的现场操作以及解决实际问题的能力,进行打分和评判,决定考生能力是否到达证书要求的水平以及何种等级。

4.电子考评

电子考评(E-assessment)主要是利用计算机或计算机软件评估考生作品,电子考评为考生、教师以及管理者都提供了极大便利。比如,文本、声音和视频的使用意味着更加清楚详细,几分钟就可以给出评估答案并且包括建议和反馈,减少了试卷等的印刷、邮寄以及储存,这种更大范围的测试机会意味着更多的选择。电子考评包括电子考试(E-testing)、计算机考评(Computer-based Assessment)以及在线文件包(E-portfolio)。电子考试类似于传统的考试,但不需要纸和笔,是通过计算机执行的考试类型。电子考试的好处在于:考生只需要几分钟就可完成考试注册,无论白天夜晚任何时候都可以参加考试,也不需要等待考试试卷,只要下载试题后线上线下都可以参加考试,考务平台会快速批阅试卷并及时反馈给考生。在牛津剑桥和皇家艺术联合会考试局,电子考试目前只适用于剑桥发展证书、运输经理专业能力证书、数字能力入门证书、英语基础技能证书、商务管理规则证书以及零售知识二级证书。

计算机考评提供了一个替代现场考评和外部评估的方式,考生像平常一样工作,由计算机而不是现场考评员对其操作情况进行考评,计算机会在很短的时间内对其表现打分,并将考评结果和部分细节打印发送至牛津剑桥和皇家艺术联合会考试局,由牛津剑桥和皇家艺术联合会考试局的督查员进行成绩复核和审查。计算机考评的好处在于:完全自动化,打分不需要现场考核员,几分钟内完成考生表现结果的反馈,几乎无纸化过程且不需要邮费,是完全免费的项目。在牛津剑桥和皇家艺术联合会考试局,计算机考评目前只适用于 IT 使用技术一级证明、证书和文凭。

在线文件包是一个储存区域,考生上传提交他们的作品、教师和考评人员的意见。与传统纸质的方法不同,在线文件包提供了更加丰富和多样的记录方式来展示考生成果,包括文字文档、电子表格、图像、视频和声音文件。在线文件包可以与他人分享,可以从不同视角搜索和查阅,方便考生随时查阅自己的成果。只需要一台在网络环境中的个人计算机或便携式电脑,不需要特殊的软硬件设备即可访问在线文件包。在线文件包的好处在于:节省时间,省钱,可以发挥想象,用声音和视频创建丰富的媒体文件,一个可以供考生收集、保存和展示其作品的安全地方,可移植、可访问,可节约远程审核的邮资等。在牛津剑桥和皇家艺术联合会考试局,在线文件包只适用于牛津剑桥和皇家艺术联合会考试局在线文件包支持证书和国家职业资格证书。

从电子考评的设计理念及操作实践,我们不难看出,在倡导大众教育、终身教育和全纳教育的今天,英国教育改革的理念不再是强调精英教育、贵族教育,而是通过区分每个人的个性差异、职业需求和生活目标,同时引入了互联网+时代的现代信息技术,为所有学习者的继续学习、终身学习以及灵活考试获取证书提供了极大便利。

5.特别关照

当考生已经完全准备好考试,但在考试或考核当日受到不可控因素影响,诸如身体疾病、家庭危机等,不能顺利完成考试时可以申请特别关照(Special Consideration)。无论是按照国家时刻表执行的考试以及课程考试,还是普通教育资格证书的实践和口头测试,都可以通过信息交换平台提出特别关照申请。如果考生拿到了错误的试卷,考试中心也可以为其申请特别关照;如果考生因特殊原因提前离开考场,考试中心为其申请特别关照时,则需要说明其离场多少时间以及在整场考试中参与了多少时间。有时候,在线申请系统可能会因为一些操作自动拒绝了考试中心的申请,即使这些申请提供的详细资料足以得到审批。因此,如果特别关照申请没有在预期的时间内给予回复,考试中心可以直接联系牛津剑桥和皇家艺术联合会考试局的特殊需求组,特殊需求组会负责核查审核结果,并最终给予相应的答复和安排。

6.徇私舞弊处理

徇私舞弊(Malpractice)是指任何违反规定的行为或实践,会影响考试的公平性、资格的完整性、证书的有效性,甚至会损害考试中心和颁证机构的声誉和信用。徇私舞弊的情况很多,其中管理不善以及不遵守规定都属于这个范畴。无论是职业资格证书还是普通教育资格证书,都由牛津剑桥和皇家艺术联合会考试局的专门团队负责对所有指控、怀疑徇私舞弊以及无意识违反考试规定的考生、教师以及员工进行调查。在调查取证中,由于徇私舞弊指控的机密性,牛津剑桥和皇家艺术联合会考试局一般只与考试中心的负责人联系,除非有书面委托可以接触其他员工。如果有人发现或者怀疑任何徇私舞弊的行为,应该第一时间向考试中心报告。对于不同的怀疑对象,需要分开填写相应的表格,比如考生徇私舞弊表格、员工徇私舞弊表格或管理不善表格。如果出于某种原因或情况,不能直接向考试中心反映,投诉者也可以通过网站直接向牛津剑桥和皇家艺术联合会考试局反映。一旦牛津剑桥和皇家艺术联合会考试局收到相关举报后,会做出评估和判断,比如是否放弃进一步调查,是否安排考试中心调查,是否自己直接介入调查,是否对案件定性。如果委派考试中心调查,牛津剑桥和皇家艺术联合会考试局会提供掌握的相关证据和信息,考试中心负责人要及时回复调查进展和结果。如果牛津剑桥和皇家艺术联合会考试局决定自己介入调查,则会通知考试中心负责人相关的徇私舞弊嫌疑并讨论如何开展调查。关于调查结果的报告,如果结果是清晰和无争议的,直接由牛津剑桥和皇家艺术联合会考试局的专门调查团队决定;如果案情复杂,证据是有争议或矛盾的,并且有可能指控专门团队成员的,则要由此前未参与该案件的牛津剑桥和皇家艺术联合会考试局特别调查组决定。所有结果处理都是依据牛津剑桥和皇家艺术联合会考试局关于徇私舞弊的处理办法执行,牛津剑桥和皇家艺术联合会考试局会及时向考试中心反馈处理结果。无论是考试中心还是个人对处理结果不服,都可以按程序提出上诉。关于徇私舞弊处理办法和程序的设计安排,保障了考生的公平公正性,同时也是英国社会公平正义的重要组成部分。

(四)考生成绩公布(Results)

成绩的公布依然分成普通教育资格证书和职业资格证书两种类型。对于普通教育资格证书,牛津剑桥和皇家艺术联合会考试局会将成绩向考试中心和学生发布,但这些成绩被认为是临时的,任何单位和个人若对考试结果存在异议,都可以在颁发证书之前提出并得到解决,这充分体现了融入英国社会骨髓的民主、法治精神。关于考试结果什么时候公布以及怎样公布,主要分成两个阶段:第一阶段是向考试中心发布;第二个阶段是向考生发布。一般情况下,考试结果向考试中心公布是在可以向考生公布的前一天凌晨00:01开始,向考生公布的时间是成绩公布当日的早晨6:00开始,有关更多的信息则可以在资格认证委员会指南中获得。2017年部分资格证书成绩公布时间表如表9所示。

表9　2017年部分资格证书的成绩公布时间表①

向机构公布时间	证书类型	向考生公布时间
2017年8月16日,周三凌晨00:01	普通教育证书、FSMQ证书、AEA证书、拓展项目证书	2017年8月17日,周四凌晨6:00
2017年8月23日,周三凌晨00:01	普通中等教育证书、ELC证书、基础项目证书和高等项目证书	2017年8月24日,周四凌晨6:00

对于职业资格证书,各个考试中心和考生都会在规定的时间内收到相应的考试成绩。针对不同种类的资格证书,比如学徒制资格证书、剑桥国家证书、14~19岁资格证书等,牛津剑桥和皇家艺术联合会考试局制定了管理指南(Admin Guides),详细介绍了该类证书考核考试的步骤和办法,当然也包括考试成绩公布的时间及解释说明。与普通教育资格证书一样,牛津剑桥和皇家艺术联合会考试局也会将职业资格证书考试成绩向考试中心和学生发布,但这些成绩依然是临时的,任何单位和个人若对考试结果存在异议,都可以在颁发证书之前提出并得到解决。

(五)试后问题处置(Post-results Services)

为充分保障考生权益,让考生有机会质疑、查询甚至修正自己的考试成

① JCQ.Notice to Centres-release of general qualification results June 2017 examinations[Z].2015:1-2.

绩,牛津剑桥和皇家艺术联合会考试局专门设置了试后问题处置环节,并且对于不同问题以及申请处置的方式都做了清晰精准的说明。牛津剑桥和皇家艺术联合会考试局可以提供的服务主要包括以下几个方面:缺失或不完整成绩(Missing and Incomplete Results)、成绩查询(Enquiries about Results)、试卷查询(Access to Scripts)、延迟颁证(Late Certification)以及申诉(Appeals)等服务。

1.缺失或不完整成绩

对于普通教育资格证书,考试中心可以使用缺失或不完整成绩服务为考生查询成绩缺失或不完整的情况。如果考试中心认为对考生没有成绩(No Result (X))、部分缺失(# (Partial Absence))和成绩待定(Pending (Q))的判定是错误的,那么可以申请对该考生的成绩进行调查。同时,如果考生个别科目成绩丢失或者在结果公布中完全没有该考生的信息,考试中心也可以申请缺失或不完整成绩服务,但前提是必须确保该考生是在该中心注册登录的,否则不能实施该项申请。

对于职业资格证书,如果考生提交了作业作品但是没有得到资格证书或者证书认证的单元结果不如预期,可以通过考生提交的副本或信息交换平台核查反馈报告。如果没有适用于结果修改的参考资料,考试中心需要查看考生提交的副本或者通过信息交换平台查询,考生成绩与考生单元是否一致,如果不一致,可以向牛津剑桥和皇家艺术联合会考试局反映并要求得到答复或者修改。

2.成绩查询

如果考试中心或者考生自己对公布的成绩存在疑虑,可以申请成绩查询(Enquiries about Results)。就普通教育资格证书而言,牛津剑桥和皇家艺术联合会考试局可以为考试中心提供流程审查、打分审查等服务以及为普通教育、普通中等教育等资格证书提供试卷审查服务,详情见表10、表11。

表 10 牛津剑桥和皇家艺术联合会考试局普通教育资格证书成绩查询服务表列举①

服　务	种　类
服务 1	文书核对： 所有引起重要结果的重要过程
服务 2	复查评分结果： 确保共同确定的给分体系给出的分值是正确的
服务 2 优先权	复查评分结果： 仅适用于 7 月系列的 3 级证书
服务 3	复查初次考试的结果： 复查最初的考试结果以确保评估标准公平、可靠以及连续

表 11 牛津剑桥和皇家艺术联合会考试局职业资格证书成绩查询服务表列举②

服　务	种　类
服务 2a	通过书面报告为单个报考者复查打分的外部评分组
服务 2b	通过书面报告为一组报考者(5～15 个)复查打分的外部评分组

考试中心在提交成绩查询之前,必须获得考生的书面确认,因为无论是流程审查还是打分审查,都有可能使考生原有分数或者学科等级变得更低,考生自己要签字确认承担相应后果。成绩查询必须由考试中心专人负责,比如中心管理人员或者成绩追踪人员,并且只能通过信息交换平台提交申请。因为,一旦申请提交,牛津剑桥和皇家艺术联合会考试局会以邮件的方式反馈确认信息并提供一个查询号(RSQ number),考试中心可以通过这个查询号查看工作进度以及考生的分数或等级是否改变。如果对牛津剑桥和皇家艺术联合会考试局反馈的查询意见依然不满意,考试中心可以在收到

① OCR.ocr-for exams-officers[EB/OL].http://www.ocr.org.uk/administration/stage-5-post-results-services/enquiries-about-results/.

② OCR.ocr-for exams-officers[EB/OL].http://www.ocr.org.uk/ocr-for/exams-officers/stage-5-post-results-services.

查询结果14天之内继续提出申请，最终由资格证书联合委员会裁定。

另外，职业资格证书的成绩查询流程、要求与普通教育资格证书差不多，只是查询的内容有所不同而已。

3.试卷查询

就普通教育资格证书而言，牛津剑桥和皇家艺术联合会考试局提供优先级和非优先级试卷查询服务，优先级只针对GCE证书、主要学习3级证书、FSMQ高级证书以及3级资格证书等高级别资格证书，而非优先级主要针对申述资格证书以外的其他证书种类。所有的试卷查询都是通过信息交换平台实现的，牛津剑桥和皇家艺术联合会考试局不会早于规定的查询时间也不会晚于查询时间8周内提供查询服务。考试中心按照规定的时间和步骤完成查询申请后，牛津剑桥和皇家艺术联合会考试局会将考生的试卷扫描后，以PDF格式发送至申请者的邮箱。因此，申请者要随时跟踪自己的查询情况，并及时下载考生的试卷扫描件，组织人员甄别阅卷老师对考生的试题批改、试卷计分是否有误。

就职业资格证书而言，试卷查询可用于专业能力证书的案例研究单元（代码为05689和05678）、管理咨询4级证书，相对于普通教育资格证书而言，职业资格证书适用的范围就很少，因为职业资格证书较少使用试卷考评。另外，查询只能在初次成绩公布后的6周以内完成，比普通教育资格证书申请的时间期限缩短了2周。其申请方式、步骤等与普通教育资格证书大体一致。

4.延迟颁证

单元成绩公布后，如果此前没有提出过延迟颁证的要求，考试中心可以提出推迟的请求，也就是通常所说的延迟颁证（Late Certification）。延迟颁证主要为单元化结构的资格证书设计，比如普通教育资格证书或者剑桥国家资格证书，但不适合于新改革的副A/A水平证书和普通中等教育（1~9）证书。一般情况下，所有的延迟颁证申请都只能通过信息交换平台实现，考试中心可以同时为多个考生或者为考生的多个资格证书申请该项服务。牛津剑桥和皇家艺术联合会考试局收到申请后，会以邮件的形式告知申请者什么时候可以看到申请结果，申请者在结果公布期间能够查看到自己的申请结果并可打印相关信息和资料。

5.提出申诉

一般情况只有三类人有资格提出申述，包括考试中心负责人、自修考生、中心员工或受处罚的第三方，这些通常被称为“申述人”，受理机构只针对申述人的要求做出回应。除非申述人有书面委托授权其他人，否则包括考生自己以及其父母都不能直接提出申诉。这里需要说明的是自修考生，是指那些自学参加考试、没有参加任何考试中心而是自己独立参加考试的人员。

申述的内容可以包括对成绩质询、徇私舞弊决定、便利安排和特别关照、管理决定（如迟到、试卷缺失）、制裁考试中心等提出质疑和不满，其核心内容主要围绕颁证机构是否处理程序合规，是否合理公正地做出判定。申述包括两个阶段，第一阶段主要是对颁证机构的处理程序进行调查或者对原徇私舞弊处理决定进行重新评估，第二阶段主要是由独立的申述委员会主持案情听证会。申诉人一旦提出申请，受理机构会在 50 个工作日完成第一、二阶段的所有任务，并做出相应的处理回应。

（六）证书颁发（Certificates）

考生的最终成绩要以证书的形式体现，这里的证书是证明、证书和文凭的统称，也就是本论文所指的外部资格证书。普通教育资格证书（如普通中等教育证书，副 A/A 水平证书）以及剑桥国家证书，在成绩公布 8 周之后授予考生相应的资格证书；而职业资格证书的颁证时间则相对较短，只需要在结果公布后的 5 个工作日内便可授予对应的资格证书。在证书颁布以前，考试中心必须检查确认考生的详细信息是准确无误的，不能让颁证成为行政管理的最后防线；并且一旦证书开始颁布，考试中心要确保所有通过考试并获得证书的人员都被授予了资格证书,不能造成遗漏和缺失。

证书颁发的条件或者叫作基本原则主要有以下几方面:一是证书是牛津剑桥和皇家艺术联合会考试局的财产,如果牛津剑桥和皇家艺术联合会考试局需要则有权收回,同时如果有必要牛津剑桥和皇家艺术联合会考试局还保有更换证书的权利;二是考试机构要在收到证书后无条件地分发给所有考生,不能因为学生未交清费用等纠纷而扣发考生证书,未经牛津剑桥和皇家艺术联合会考试局允许,考试机构一律不准保留考生的资格证书;三是证书发放给考生时,考试中心要进行身份确认并获得考生的签字确认。另外,证书也可以邮寄给考生,但考试中心要有相应的跟踪确认方法;四是任何对证书的涂改和变更,都有可能导致证书无效以及等级取消;五是考试中心必须保管好无人认领的证书,保管期限为自颁证之日起的 12 个月时间;六是考试中心对无人认领的资格证书保管满 12 个月后,可以自行秘密销毁也可申请牛津剑桥和皇家艺术联合会考试局销毁这些证书,但销毁记录依然要在考试中心继续保存4 年,保存时间从销毁之日算起。

第五章　英国“普职融合”资格证书框架体系的主要内容

21 世纪初，英国选择把构建“普职融合”的资格证书框架体系，作为推动教育公平和终身学习（教育）发展的突破口。2000 年，英国宣布建立国家资格证书框架体系，这是其“普职融合”实质性进展的开端，在这个体系下，由于高等教育序列证书还未纳入其中，因此，国家资格证书框架体系实质上是一个全国统一的、普职融合的外部资格证书框架体系。总体上讲，国家资格证书框架体系建立起国家统一的知识、技能标准和广泛的能力标准，提升了教育和培训法规执行质量，搭建起普通教育与职业教育证书的比较平台，大大增加了学习机会，促进了学习转换以及学习进步。为了更好实现“普职融合”，打破普职教育分隔界限，英国政府从 2003 年起，又开始着手对资格证书框架体系进行改革，探索建立基于学分的资格证书框架体系，即资格与学分框架体系，该框架体系在 2011 年得以全面推行并取代原有的国家资格证书框架体系。资格与学分框架体系的产生，是对国家资格证书框架体系的优化和完善，充分展示了其全纳性、易学性、互动性、互信性的价值理念，有效促进了外部资格证书的普职融合发展。

一、"普职融合"形成阶段的国家资格证书框架体系

(一)国家资格证书框架体系设计的目标维度

如前文所述,国家资格证书框架体系在英国率先建立并很快被多国借鉴应用,成为一种全球性的资格证书认证比对模式以及教育改革的重要工具。英国人基于提升终身学习和资格证书质量目的,同时更是为了重振昔日"大英帝国"的雄风,以建立国家资格证书框架体系为契机全面改革教育。在资格证书框架体系的建设过程中,英国政府坚持奉行以下指导思想:普通教育与职业教育相互尊重与平等,职业资格证书与学术资格证书在进入高等教育的通道上具有同样的地位和作用,两种资格证书间交叉获取或转接畅通。为此,打破传统学术教育的"优等国民待遇",实现资格证书"普职融合",促进教育公平成为英国国家资格证书框架体系建设的主旋律。

从设计维度上讲,英国政府希望建立的全国统一的资格证书框架体系,能够将各种类型、各种层次的资格证书统一到体系中,并且能够实现各种类型之间可比对,各种层次之间可贯通,从而为学习者、雇主以及相关方呈现一个清晰的、系统的、简化的学习成果"一览表"。正是由于国家资格证书框架体系的建立,以学习结果为基础,任何人(无论年龄大小、健康状况),在任何时间(无论白天夜晚、持续间断),以任何方式(无论正规非正规、线上线下)都可以参与学习,并且其成果能够得到同等的官方认可,这充分体现了终身教育理念,为全民参与学习、热衷学习以及提高国民整体素质创造了条件。

(二)国家资格证书框架体系的证书等级与分类

2000 年英国政府出台的 6 级国家资格证书框架体系(入门级和 1~5 级),率先掀起通过建立统一的资格证书框架体系落实终身教育的浪潮。2001 年发布高等教育资格证书框架体系,实现了高等教育资格证书内部清晰的分类分层。2004 年又综合 6 级证书体系和高等教育证书体系,实施 9 级国家资格证书框架体系(入门级和 1~8 级),并且实现了与欧洲资格证书框架体系的接轨。本文综合 2000 年版框架体系、高等教育资格证书框架体系以及 2004 年版框架体系及其水平描述,以及《英国资格证书》(第 36 版)一书发布的体系对比表,形成了如下英国新、旧国家资格证书框架体系比较一览表(表 12),更加清晰地展示了英国高等教育、中等教育以及职业资格证书等各种类型、各种层次证书之间的比对关系。

表 12 英国新、旧国家资格证书框架体系比较一览表①

<table>
<tr><td colspan="2">国家资格证书框架体系</td><td rowspan="2">2001 年版高等教育证书体系</td></tr>
<tr><td>2000 年版 6 级证书体系</td><td>2004 年版 9 级证书体系</td></tr>
<tr><td rowspan="2">5 级证书
建筑 NVQ5 级证书、项目管理证书、翻译 5 级证书</td><td>8 级证书
专家级证书</td><td>D 博士
博士学位</td></tr>
<tr><td>7 级证书
NVQs5 级证书、7 级职业证书文凭(翻译 7 级文凭)</td><td>M 硕士
硕士学位、研究生文凭和证书</td></tr>
</table>

① 姜大源.当代世界职业教育发展趋势研究[M].北京:电子工业出版社,2012:241.

续表

<table>
<tr><th colspan="2">国家资格证书框架体系</th><th rowspan="2">2001 年版高等教育证书体系</th></tr>
<tr><th>2000 年版 6 级证书体系</th><th>2004 年版 9 级证书体系</th></tr>
<tr><td rowspan="3">4 级证书
咨询指导 NVQ4 级证书、管理 4 级文凭、BTEC 3D 设计高等教育国家 4 级文凭、幼儿早期教育 4 级证书</td><td>6 级证书
6 级职业证书文凭（管理 6 级文凭）</td><td>H 荣誉学位
学士学位、毕业证书和文凭</td></tr>
<tr><td>5 级证书
NVQs4 级证书、5 级职业证书文凭（建筑 5 级文凭、表演艺术 5 级证书）</td><td>I 中级
高等教育和继续教育文凭、基础学位、高等教育国家文凭</td></tr>
<tr><td>4 级证书
4 级职业证书文凭（运动休闲 4 级证书、网站管理 4 级证书）</td><td>C 证书
高等教育证书</td></tr>
<tr><td>3 级证书
航空工程 NVQ3 级证书、A-levels 证书、3 级职业证书文凭</td><td colspan="2">3 级证书
NVQs3 级证书、3 级职业证书文凭（小动物保健 3 级证书）、A-levels 证书</td></tr>
<tr><td>2 级证书
农作物生产 NVQ2 级证书、GCSE A* ~ C（普通中等教育证书）、2 级职业证书文凭</td><td colspan="2">2 级证书
NVQs2 级证书、2 级职业证书文凭（美容 2 级文凭）、GCSE 成绩为 A* ~ C 的证书</td></tr>
<tr><td>1 级证书
烘焙 NVQ1 级证书、GCSE D ~ G（普通中等教育证书）、1 级职业证书文凭</td><td colspan="2">1 级证书
NVQs1 级证书、1 级职业证书文凭（汽车研究 1 级证书）、GCSE 成绩为 D ~ G 的证书</td></tr>
<tr><td>入门级
成人识字入门证书、学业证明</td><td colspan="2">入门级
入门 1、2、3 证书，涉及各个学习科目</td></tr>
</table>

注：1.此时的英国证书（Certificate）和文凭（Diploma）并不表示层次差异；

2.2001 年版高等教育资格证书框架体系适用于英格兰、威尔士和北爱尔兰。

(三)国家资格证书框架体系的等级描述

为了给学习者、父母、教育培训者、职业顾问、雇主提供一个更加清晰易懂的资格证书框架体系,英国政府还对框架体系各个级别的证书等级专门开发了等级特征描述,这也是国家资格证书框架体系设计的重要路径选择。这里所描述的资格证书特征实际上仅仅是外部资格证书的特征,因为高等教育序列证书自成体系。等级描述的目的就是要从国家层面对外部资格证书统一等级标准,为资格证书的等值互换、普职教育的相互衔接、学习者不同教育轨道上的自由切换奠定基础。等级特征描述,是体系中各种资格证书及其等级的一个指南,是对各级证书学习及其成果的概述。国家资格证书框架体系的等级特征描述包括以下信息:一是各个等级认可的知识和技能描述;二是这些知识和技能如何与岗位相联系的概述;三是每个等级的证书范例。当然,国家发布的等级特征描述并不一定是最精确、最完备的描述,也不是一成不变的,它带有一定的方向性和指导性,与工作岗位要求一致并且与时更新,详情见表 13。

表 13　外部资格证书的等级特征描述①

等　级	特征描述	证书范例
入门级	入门级证书表示持有者具备基础的知识和技能,能够在正确的指导和监督下进行日常环境中的学习。此等级的学习主要是掌握基本知识和技能,与具体的职业无关。	入门 1、2、3 证书,涉及各个学科
1 级	1 级证书表示持有者具备基础的知识和技能,并且能够在正确的指导和监督下进行学习。本级的学习通常与日常活动有关,并且与工作技能有一定联系。	NVQ1 级证书;泥水匠证书;中等教育 D~G 等证书;机动车学习证书

① QCA.The statutory regulation of external qualifications in England, Wales and Northern Ireland[Z].2004:36-37.

续表

等　级	特征描述	证书范例
2 级	2 级证书表示持有者具备较强的学习领会工作和专业领域知识的能力，能够在一定的指导和监督下完成各种任务。此阶段的学习主要是掌握工作岗位以及学科专业领域的知识和技能，或者直接培养某种职业角色。	NVQ2 级证书；中等教育 A~C 等证书；足球教练证书；美容师文凭
3 级	3 级证书表示持有者具备获取所需实用知识、技能及认知的能力。此级证书的学习主要是深入地了解知识和技能，学习者可以进入大学，或独立工作，或在特定的领域指导和培训他人。	助教证书；NVQ3 级证书；普通教育高级水平证书；高级拓展证明；小动物保健证书
4 级	4 级证书表示持有者具备从事某领域工作或研究的专门学习技能，能够对高层次的信息及知识进行详细的分析。此级证书的学习适用于从事技术和专业工作的人们，或从事管理和开发他人工作的人们。4 级证书在等级上相当于高等教育证书。	运动休闲文凭；网站管理证书；幼教证书
5 级	5 级证书表示持有者具备能够在特定工作或研究领域中创新知识和认识事物的能力，可应对复杂的问题和环境，提出解决问题的办法。此级别的学习主要是掌握高水平的知识，丰富工作经验以及具备管理培训他人的能力。5 级证书持有者适用于高级技术工作人员、专业人士和管理者。5 级证书相当于高等教育中级水平，比如高等教育文凭、基础学位及其他与研究生课程无关的学位证书。	建筑文凭；表演艺术证书
6 级	6 级证书表示持有者具备特定工作或研究领域中专家级的高层次知识，能够应用自己独到的见解和研究，处理应对各种复杂的问题和环境。此级的学习主要是掌握高层次的专业知识，适合那些想成为拥有丰富知识的专业人士或专业管理人员的人们。6 级证书相当于荣誉学士学位证书，大学毕业证书和毕业文凭。	管理证书或文凭

续表

等　级	特征描述	证书范例
7级	7级证书表示持有者具备高深和综合的知识，具备深层次和创新解决各种复杂及不可预测问题的能力，能够应对各种环境。此阶段的学习主要是掌握专家层次的专业知识，适用于高级专业人士和高级管理者。7级证书相当于硕士学位证书、研究生证书和研究生文凭。	翻译文凭；音乐研究员
8级	8级证书表示持有者具备成为特定领域的首席专家或执业者的能力。此阶段的学习主要是开发创新方法，拓展或更新现有知识或专业经验。	专家证书

(四)国家资格证书框架体系的证书比对与学习衔接

由表12可知，2004版国家资格证书框架体系是在2000版的基础上完善而成，其3级及其以下级别证书内容及层次没有变化，只是原来的4级被细化为4、5、6共3个级别，原来的5级证书又被分为7级和8级证书，从而使高层次的职业资格证书能够更好地与高等教育各层次资格证书完整对应，也使得体系的层级变得更加清晰翔实。体系不仅将所有种类证书都容纳其中，避免了资格证书类型的重复设计，而且使得各种类型的资格证书基本上都能够实现对应，表现出职业资格证书与普通教育资格证书相互衔接即“普职融合”的趋势。下面简要介绍普通教育证书与职业资格证书是如何实现价值比对，以及学习者是如何在不同的学习轨道上有效转换并实现学习衔接的。

2000版和2004版体系中的国家职业资格1级证书与普通中等教育证书的D~G级证书、国家职业资格2级证书与普通中等教育证书的A*~C级证书、国家职业资格3级证书与普通教育证书的A级证书是等值对应的。由于2000版国家资格证书框架体系出台时，高等教育详细的资格证书框架体系尚未颁布,因此其国家职业资格 4 级和 5 级证书只是理论上对应高等教育的证书和文凭。2004 年颁布的 9 级体系,则建立了高等教育资格证书与职业资格证书各层次间非常清晰的对应关系。以国家职业资格证书为例,国家职业资格 4 级证书基本对应着高等教育的副学士学位,国家职业资格 5 级证书则基本对应着硕士学位,而职业领域内专家级别的证书相当于高等教育的博士学位。另外,学生可以在普通教育和职业教育之间,通过选修一定的课程实现自由转换,学生获得国家职业资格 3 级证书、其他职业类资格 3 级证书或者两张普通教育 A 水平证书,都可以申请接受高等教育,不仅实现了“普职”教育融通,而且打通了人才成长通道,为更多人通过多元化发展方式成长成才创造了条件。当然,外部资格证书之间以及外部资格证书与高等教育证书之间的等值,基本还停留在概念和理论上,是一种粗略的比对关系,缺乏等值的条件和依据,但为下一步外部资格证书真正“普职融合”提供了思路和方向。

二、国家资格证书框架体系下的外部资格证书列举

从类型上讲,英国外部资格证书的种类繁多。2014 年,资格证书与考试中心发布了《资格证书管理文件清单》(*Regulatory Document List*),其中提及的证书包括高级拓展证书(Advanced Extension Award)、入门级证书(Entry Level)、非母语的英语证书(English for Speakers of Other Languages, ESOL)、基础技能证书、普通教育证书、普通中等教育证书等共计 12 种。这些资格证书虽然类型众多,但是划分界限清晰、特色各异,并且在国家资格证书框架体系中形成了可比较的对应关系,能够很好地被社会所认知。下文主要介绍基础技能证书、普通中等教育证书、普通教育证书、国家职业资格证书,以便更加完整地认识英国国家资格证书框架体系下的外部资格证书。

为了准确地把握外部资格证书特别是普通教育证书、普通中等教育证书的特征、内容和考评等标准要求,我们先看看英国的学校教育及其证书演

变历程。根据《1988年教育改革法案》(*Education Reform Act* 1988)的规定,其义务教育分成四个重要阶段:第一阶段(Key Stage 1)5～7岁,第二阶段(Key Stage 2)7～11岁,第三阶段(Key Stage 3)11～14岁,第四阶段(Key Stage 4)14～16岁。而义务教育之后的16～19岁则为继续教育阶段(Further Education)。早在1917年,英国政府就对中学离校的学生进行“学校证书”(School Certificate)考试,学生需要同时通过5门基础学科的考试,才能获得证书。为了增加考试的灵活性和学生选择的自主性,1951年,开始推行单科考试的普通教育证书取代学校证书,该证书分为普通水平(Ordinary Level,简称O-Level)和高级水平(Advanced Level,简称A-Level)两种。1965年,英国政府又推出了侧重于评价学生实际知识和技能水平的中等教育证书(Certificate of Second Education,CSE)。普通教育证书和中等教育证书并存对学生能力的评价更加多元,但是也造成了考试制度的混乱,受到广泛诟病。

1985年,英国政府颁布《普通中等教育证书考试国家标准》,并于1986年将普通教育证书普通水平(O-Level)与中等教育证书合并为普通中等教育证书,而普通教育证书中的高级水平(A-Level)证书则保留至今。2000年,英国政府推行课程改革,各类课程划分成若干模块,考试则建立在以模块为基础的课程上,并且把A-Level课程分成副A水平(Advanced Subsidiary,AS)和A2两个阶段。副A水平考试的要求和A水平是一样的,但内容只有A水平考试的一半,成绩也相当于A水平考试的一半。这一举措的目的是让学生选择学习更广的内容,以巩固普通中等教育证书阶段的学习成果,并减少在A水平学习期间学业失败的学生人数。

(一)基础技能证书(Functional skills)

1.标题(Titling)

标题的格式:颁证机构名称,基础技能资格证书(英语、数学、信息通信技术)，入门一、入门二、入门三或者一级、二级。

2.学科问题(Subject Matter)

基础技能证书所涉及的学科是最基本的学科门类，主要是帮助人们掌握英语、数学和信息通信技术三科最基本的应用技能，以便能够更好地生活、学习和工作。上述三个科目还细分为入门一、入门二、入门三或者一级、二级共5个等级，每个等级的证书是独立设置并且独立考评的。基础技能证书的学科标准对各个科目的技能标准，以及各级别证书所覆盖的知识技能范围做了明确要求。

3.考评(Assessment)

考评的执行是严谨和科学的。所有的考评工作必须符合基础技能证书的学科及相关要求，同时还要求提供真实的考评内容、情境和问题，指定与考评内容相关的任务，考察考生对知识的运用以及对目标任务的技能掌握和理解能力，考察解决问题的能力，以及评估考生的过程技能和面对不同任务的应对能力。基础技能证书各个等级的考评难度取决于以下几个因素：一是考试任务或问题以及内容的复杂程度；二是可能会运用到考试内容中的技术要求；三是考生对考试任务、问题和内容类型的熟悉程度；四是对考生独立性的水平测试要求。

基础技能证书的考评是针对每个等级的独立评估，比如对入门一级的考评就是独立进行的，而不是对入门级考评之后再得出一、二、三等级。考评应该是完全开放式(Open Response)或者主要部分开放式评估，对于封闭式(Fixed-Response)考评，英语、数学和信息通信技术的学科标准还专门限定了其最大比例。开放式考评是基于真实生活以任务为基础的评估，需要考生应用其所掌握的知识、技能和理解，去解决问题或者寻找解决问题的有效途径。开放式考评提出有目的的任务和问题，嵌入真实的生活情境，但是不规定考生解决问题和任务的流程或方法。与之相反的是，封闭式考评则是基于项目的评估，考生只能按照一种或者几种预设的正确方式作答，其过程不予明确记载。封闭式考评专注于考察考生对某个特定目标任务的知识理解。在考评中,所有涉及英语、数学、信息通信技术的其他评估元素,都不能影响这三门学科的主要技能测试。

4.颁证及报告(Certification and Reporting)

当考生的表现达到基础技能证书的水平要求时,颁证机构就要为其颁发基础技能通过证书,但通过证书不涉及证书等级。在英语基础技能证书中,要为考生提供正式的结果声明,并且报告证书所授予的等级水平及其构成部分的等级水平。同时,考试结果报告还要主动公布形成该资格证书的所有考评内容。

(二)普通中等教育证书(GCSE)

普通中等教育证书考试主要是为学生第四阶段结束时设置的,也就是我国通常所说的初中毕业考试,考试科目包括英语、数学、科学、信息技术、宗教教育等。大部分科目的考卷有两种:一种是 A* ~ D 等的考卷,一种是 C ~ G等的考卷,学生可以根据自己的学习情况以及以后的发展需求选择其中一种考卷。普通中等教育证书考试最终成绩由平常的课程作业成绩(Course Work)和最后的笔试成绩组成,课程作业成绩占比因科目不同而不同,一般占 25% ~ 60%。课业考试+毕业考试的考评模式,也是当前我国推进招考制度改革的重要参考。

1.标题(Titling)

普通中等教育证书的标题名称要与颁布的学科目录一致,2004 年版《规定》公布的学科目录中,包括了艺术设计、应用艺术设计、商务经济、应用商务、经典题材、设计工艺、工程学、英语、英语文学、苏格兰盖尔语、地理、卫生保健、历史、家政、信息通信技术、应用信息通信技术、休闲旅游、工业制造、数学、现代外语、音乐、体育、宗教学、科学、应用科学、社会学、威尔士语、威尔士第二语言、威尔士文学等 29 门学科。标题名称要与这些学科目录中的名称保持一致,比如普通中等教育英语 A 级证书、普通中等教育社会学 G

级证书等。同时普通中等教育证书还分成普通中等教育短期课程证书(Short Course)和普通中等教育双重证书(Double Award),普通中等教育短期课程证书主要为完成某门学科的短期课程大纲而设立,普通中等教育双重证书则相当于两个独立的普通中等教育证书,比如普通中等教育英语AA级证书。英国证书多样化的等级设计,充分体现了多元智力理论、以人为本的理念以及因材施教的构想,为学生根据自身兴趣和需求灵活选择课程学习提供了更加广阔的路径。

2.学科问题(Subject Matter)

英国外部资格证书的管理规定形成了一套完整的体系。首先,在宏观层面的顶层制度是,针对所有资格证书的《资格证书认证通用标准》(*General Conditions of Recognition*);其次,在中观层面是针对各种不同类型证书的相关规定,如《普通中等教育证书等级标准》(*GCSE Qualification Level Conditions*)、《普通教育证书等级标准》(*GCE Qualification Level Conditions*);另外,在微观层面还有各种具体的资格证书标准要求,如《普通中等教育证书英语学科标准》(*GCSE Subject Level Conditions and Requirements for English Language*)。这些管理规定相互融通,互为补充,对外部资格证书的内容、评估以及结果报告做出了全面而具体的要求。因此,普通中等教育证书的学科问题既要符合国家通用标准、自己的类型标准,也要与国家课程标准相一致,还要与英格兰、威尔士和北爱尔兰各邦国的要求相一致。

通常情况下,普通中等教育短期课程证书大纲要求只含有普通中等教育证书一半的内容,等级依然是从A*到G,而普通中等教育双重证书大纲要求则是单个普通中等教育证书内容及难度的三倍。我们看看普通中等教育证书英语学科的大纲标准,要求使学生能够:

- 广泛、熟练地阅读理解文本
- 批判地阅读,利用从广泛阅读中获取的知识,改进和提高写作能力
- 使用标准英语有效书写
- 正确地使用语法、标点和拼写正确

•将所学的大量词汇、语法技巧、语言习惯，应用到阅读、书写和口语中
•听懂并能理解口语，能够有效地使用标准口语

在普通中等教育证书英语学科的大纲要求中，口语作为资格报告的一部分，但不形成最终的成绩和等级。

学科设计还要充分考虑国家统一要求的提高自我学习和表现的关键技能、问题处理能力、团队合作能力、把握机会的能力，要求考生能够熟练掌握和应用现代信息通信技术，并且尽可能地为他们提供信息通信技术的考试机会，也就是"互联网+"形态下的现代化考试手段。

3.考评(Assessment)

管理机构要明确考评目标(Assessment Objective)与考评构成(Assessment component)之间的关系，确定分配给每个考评目标(或一组考评目标)与每个考评构成的分数比例，确保考试分数能够科学反映考生的能力水平。我们以英语为例，了解其分数的分配权重与学科考查重点(表14)。考试试卷一般分成 A* ~D 等考卷和 C~G 等考卷两种，考生在试卷作答时只能使用指定的英语、威尔士语和爱尔兰语。考生答题要求文本清楚易懂，拼写、标点和语法准确，回答问题要切中目标，并且使用合适的结构和写作风格，这些笔试要求与我国的笔试题作答要求有很多相似之处。

表 14　英语学科的考评目标与构成①

阅读(50%) 阅读理解一系列文本材料	
AO1	识别并能解释显性和隐性的信息与观点 选择和综合不同文本中的信息
AO2	解释、评论和分析作者如何运用语言结构来实现效果和影响读者，如何运用相关学科的术语来支持他们的观点
AO3	通过两个或多个文本，比较作者的观点和视角及其传达方式
AO4	批判地评估文本，并引用适当的参考文献支持评估

① Department for Education UK. English language GCSE subject content and assessment objectives[Z]. 2013:6.

续表

书写(50%)	
AO5	针对不同的形式、目的和受众,选择并调整语气、风格和表达,富有想象、有效、清楚地表达自己的观点 组织信息和观点,使用语法结构和功能支撑文本的衔接性和连贯性
AO6	考生使用的词汇和句子结构必须清楚有效并且词意相搭,以及拼写和标点都要正确(这部分占到总分的20%)
口语(不计分)	
AO7	展示在正式场合的演讲技巧
AO8	能够进行合适的口语交流,包括在报告中提问和作答
AO9	在演讲和报告中使用标准的英语口语

有些学科对平衡外部考评和内部评估做了相应规定,考评时要遵循这些标准要求。比如,普通中等教育双重证书就要求相应学科必须有三分之一是外部考评。如果考生对其考试成绩不满意,还可以选择一次重考的机会,最后取分值较高的考评结果。对于由多个单元组成的资格证书,考生可以分阶段分单元参加考试,但是各个单元模块的成绩具有时效性,超过有效期则需要重考获取。

4.成绩报告(Reporting)

普通中等教育证书的成绩报告分为G、F、E、D、C、B、A、A*共8个等级,最高为A*,最低为G,不通过为U。2014年,英国政府发布《资格证书学科认证标准》(*Accreditation Criterion For All Qualifications Subject to an Accreditation Requirement*),该规定决定从2014年起取消分科零散考试,所有的考试都要求在课程结束时进行终期考试。新的普通中等教育证书成绩等级也由字母G~A*级变成阿拉伯数字1~9级,最高等级为9级,最低等级为1级。英语、英语语言学、英语文学、数学的A*~G等级描述在2016年8月31日前废止,其他所有普通中等教育证书的A*~G等级描述在2017年8月31日前废止。与普通中等教育证书单个证书和短期课程证书不同的是,普通中等教育证书双重证书的等级不是A*~G级,而是AA、BB、CC、DD、

EE、FF、GG 等 7 个等级。当然,普通中等教育证书双重证书和短期课程证书在其附注中对此有明确的注释,以免造成对普通中等教育证书的混淆。

(三)普通教育证书(GCE)

2000 年版和 2004 年版的外部资格证书管理规定,都对普通教育证书的内容、考评和报告提出了具体要求,2011 年版《普通教育证书副 A 和 A 水平资格证书标准》(*Criteria for GCE AS and A-level Qualifications*)又做了部分修订。总体而言,2004 版《规定》更为翔实、系统。因此,本部分主要以 2004 版《规定》为蓝本,综合 2011 版《标准》新内容进行介绍。

如前文所述,普通教育证书一般是 18 岁以上的学生,在课程结束时参加考试,成绩合格后取得的资格证书,是进入高等学校的主要学业文凭,也是就业资格的重要凭证。2000 年,英国政府将 A 水平课程分成副 A 和 A2 两个阶段,1 门 A 水平课程通常由 6 个单元组成,副 A 和 A2 水平各 3 个单元。理论上,大学本科入学的最低标准是 3 门普通中等教育证书考试 C 级以上,同时获得 1 门以上 A 水平或者 2 门以上副 A 水平普通教育证书。但在实践中,由于竞争激烈,几乎所有高校的招生条件都高于最低限,对于普通中等教育证书,普通高校要求至少 5 门,最多的要求 9 门,A 水平要求 2 门以上,好的高校要求 3 门以上,对每门的成绩也有不同要求。

1.标题(Titling)

普通教育证书标题首先要符合英国政府规定的资格证书标题的基本要求,同时还要与官方发布的学科门类一致。如果管理机构没有专门出台有关学科门类的标准,那么普通教育证书的标题则要广泛对应相同学科领域的不同大纲要求才能突显其证书特征。

此前,英国普通教育证书 A 水平考试设有 40 多个科目,涵盖了广泛的学科领域。而后英国政府进一步优化重组,2011 年发布的学科等级标准文件中涵盖的学科只有 30 多门,包括科学、古典文学、计算机、历史、地理、法律、会计、社会学、公民教育、英语文学、艺术设计、通用知识、数学、商务、宗教学、媒体学、经济学、管理与政治、家政、设计、信息通信技术、体育、英语语言文学、音乐、戏剧、休闲、保健、现代外语、应用科学、应用艺术设计、应用商务、表演艺术、旅游、应用媒体、应用信息通信技术、应用工程等。因此，普通教育证书标题必须与这些学科标题和相应标准一致，比如叫普通教育艺术设计 A-Level 证书、普通教育古典文学 AS 证书。当然，考生并不是要全部修完这些课程，国家也没有强迫性的规定。政府希望所有的学生都能够有充分的空间选择最适合自己的科目，学校也有权根据学校的特点和环境，根据学生的需要决定开设相应课程。学生、学校和家长共同决定最佳学习方案。一般来说，学生会选 3 到 5 门 A 水平课程。

2.学科问题(Subject Matter)

与普通中等教育证书一样，普通教育证书的学科问题要符合国家通用标准、自己的类型标准，也要与国家课程标准一致。我们以“艺术设计”为例，来了解其大纲的有关要求。“艺术设计”各种证书开设的通用课程为“艺术、工艺与设计”，这是一门通过 2D、3D 程序和课程，让学生探索实践性、批判性工作的课程。所有“艺术设计”的证书同时都要选开一门或者多门以下课程：

•“美术”

油画、素描、雕塑、安装、版画、透镜和光基媒体与新媒体

•“临界和语境研究”

跨艺术、工艺与设计领域研究

•“纺织品设计”

时装、印染织物、剪裁和组装纺织品

•“图形通信”

插图、网页设计、广告设计、包装、印刷、多媒体及动画

•“三维设计”

珠宝、身体装饰、舞台设计、展示设计、电影布景设计、室内设计、产品设

计、环境设计和建筑设计

•“摄影、透镜和光基媒体”

肖像画、静物、风景摄影、新闻摄影、纪录片、实验图像、摄影安装、视频和电影①

普通教育证书课程分成 AS 和 A2 两个阶段、6 个单元，2011 版《标准》则改为 4 个单元。以 2011 年版“艺术设计”为例，AS 分为课程组合、对照作业 2 个单元，A2 分为个人调查、对照作业 2 个单元。如果有些学科需要考查额外的技能、知识和理解，可以根据需要设置选修单元。

首先介绍 AS 证书的有关情况。AS 的课程为 A-level 前半段课程，含有 3 个考试单元（2011 版《标准》为 2 个单元），占 A-level 50%的分数权重，每个单元占 15%～20%（2011 版《标准》为 15%～35%）不等，而应用学科的每个单元分数权重则是均等的，但总的比例都不超过一个A-level证书的 50%。而普通教育证书双重证书大纲要求，一个A-level证书六个单元的考试成绩只能作为普通教育证书双重证书 50%的成绩。

A2 课程的考试成绩与 AS 的考试成绩共同组成 A-level 的成绩，A2 课程为 A-level 后半段课程，同样含有 3 个考试单元（2011 版《标准》为 2 个单元），占 A-level 50%的分数权重，每个单元占 15%～20%（2011 版《标准》为 15%～35%）不等，而应用学科的每个单元分数权重则是均等的，总的比例仍然都不能超过 A-level 总成绩的 50%。

3.考评（Assessment）

2011 版《标准》，普通教育证书考试可以在课程学习中也可以在课程结束时进行，一般情况下，AS 课程的外部考试（统一考试）时间不能超过 3 小时，A2 课程的外部考试时间（统一考试）不能超过 4 小时，除非学科标准中加以说明。比如“艺术设计”的考试比较特殊，主要以老师内部考核、外部监督为主，所以对考试时间做了特别限定，AS 课程的考试时间为 5～8 小

① Ofqual.GCE AS and A Level Subject Criteria for Art and Design[Z].2011:4-5.

时，A2课程的考试时间为12~15小时，总时间不能超过20小时，考试时间安排要相对集中。“艺术设计”试卷往往在2月的第一天或者那天之后发给考生，以便给考生预留足够的准备时间。

管理机构同样要明确考评目标与考评构成之间的关系，确定分配给每个考评目标（或一组考评目标）与每个考评构成的分数比例，确定哪些考评目标需要通过笔试实现。AS课程考试和A-level课程考试的目标与权重是一致的。下面，我们以“艺术设计”为例，了解其分数的分配权重与学科考察重点（表15），总分为100分，各个考评目标可以根据需要在规定区间调整设计其分值。

表15　艺术设计学科的考评目标与构成①

	考评目标	分数权重
AO1	告知考生语境和其他信息，考生通过持续的、重点的调查开发思路，展示其论证分析和批判性理解	20%~30%
AO2	通过实验和选择合适的资源、媒体、材料、技术和工艺，考生根据工作进展情况总结和提炼他们的思想	20%~30%
AO3	通过视觉和其他形式记录与考生意图相关的思想、观察和见解，证明能够反映考生工作进展的能力	20%~30%
AO4	考生展示其个人的、明智的和有意义的考试反馈，要证明其批判理解、真实意图，以及在适当的地方证明其视觉、口头、笔试以及其他元素的综合能力	20%~30%

同理，考生在笔试时只能使用指定的英语、威尔士语和爱尔兰语，要求文本清楚易懂，拼写、标点和语法准确，回答问题要切中目标，使用合适的结构和写作风格，清楚连贯地组织语言信息并且在合适的时候使用专业术语。这些要求和前文所讲的普通中等教育证书的笔试语言要求基本一致。对于A2课程的考试，往往使用综合考评（Synoptic Assessment）的方式，主要测试

① Ofqual.GCE AS and A Level Subject Criteria for Art and Design[Z].2011:7-8.

考生对该学科中不同元素的综合理解和对该学科的整体理解。在综合考评的若干问题中,往往使用大量的词干,确保各个问题之间的连贯性,以及使用广泛的问题类型和任务以强调不同的技能。比如,以"艺术设计"为例,综合考评就要通过若干问题的形式,考查学生将不同领域的知识,艺术家、工匠和设计师的工作,课程中所学的广泛技能融会贯通的能力。

4.成绩报告(Reporting)

普通教育证书的成绩报告分为 E、D、C、B、A 共 5 个等级,最高为 A,最低为 E,不通过为 U。2011 版《标准》则把成绩报告分成 E、D、C、B、A、A*6 个等级,此时的 A* 为最高等级。AS 和 A-level 双重证书的等级描述为 AA、AB、BB、BC、CC、CD、DD、DE、EE 和 EU。2011 版《标准》做了部分调整,AS 双重证书等级分成 AA、AB、BB、BC、CC、CD、DD、DE、EE,而 A-level双重证书为 A*A*、A*A、AA、AB、BB、BC、CC、CD、DD、DE、EE 共 11 个等级。

(四)国家职业资格证书(NVQs)

正如前文所述,20 世纪 80 年代,为规范社会上类型五花八门、质量参差不齐的职业资格证书,构建全新的职业资格证书框架体系,英国政府下决心全力推进资格证书制度改革。1986 年开始推行国家职业资格证书,2000 年将国家职业资格证书纳入"普职融合"的国家资格证书框架体系中,并制定国家标准对国家职业资格证书进行规范管理。2004 年颁布新《规定》,修订并取代了 2000 版《规定》。2006 年,英国政府再次颁布《国家职业资格证书实施规则》(*NVQ code of practice*,以下简称《规则》),该《规则》是对 2004 年版《规定》的补充。本文将综合 2004 年版《规定》和 2006 年版《规则》,系统介绍英国国家职业资格证书。

1.证书内容(Content of NVQs)

通常情况下,国家职业资格证书是由国家职业标准中若干相关的单元构成,并且每个单元都对应着其关键技能,考生需要完成证书规定的单元学习并考试合格才能获得证书。国家职业标准是由国家技能委员会开发,或者经过代表国家职业标准委员会的英国协调小组许可的标准,是国家最高水平和最规范的要求。①

2.考试中心(Centre Registration/Approval)

考试中心是组织国家职业资格证书考试的主要机构,其工作开展的水平直接决定国家职业资格证书考试的质量。因此,加强对考试中心的管理显得尤为重要。考试中心必须具备必要的资源、体系、承诺和专家,达到了国家对考试中心的标准要求后(具体标准见表16—表20),才有可能被授权获得相应资格。具备基础条件的考试中心需要提出正式申请,申请包括以下信息②:

•指定联系人(中心负责人),该联系人要全面负责质量保障、中心管理和证书管理

•符合考试中心批准要求的佐证材料

•如果以前存在申请被拒绝或者资格被取消的情况,要特别说明,并要将参与的颁证机构以及做出决定的原因讲清楚。颁证机构必须告知申报机构,如果提供不准确的信息会导致其申请资格被取消

如果考试中心是第一次申请认证国家职业资格证书,颁证机构必须首先考查这个中心并认证和批准其申请材料。考试中心也只有通过这种方式的认证之后,才能获得相应的资格。在认证过程中,如果考试中心还需要采取整改措施以及提供更加充足的证据才能达到考察标准要求时,颁证机构会为其制定相关的行动方案。行动方案会详细介绍做什么、由谁做以及何时完成,当然,这个行动方案需要得到考试中心负责人的认可。在此过程中,考试中心可以接受申请者的注册登记,但要等到颁证机构考查合格并为

① QCA.The statutory regulation of external qualifications in England, Wales and Northern Ireland[Z].2004:31.

② QCA. NVQ code of practice[Z].2006:6.

其授权后才能开展考评工作。

为了确保国家职业资格证书考试的科学性、规范性和一致性，同时也是作为考试中心资格认证的一部分，颁证机构要为考试中心拟定责任清单，提供考评指南以及认证培训等服务，从顶层设计到具体操作的各个环节都给予足够支持和有力监督。下面，先看看责任清单，包括如下内容①：

•负责内部考评和独立考评的执行，标准的维护，以及通过内部验证保持考评决策的一致性

•要求考官和内部验证员具备相关部门指定要求的资格和职业技能

•考生注册

•提供考试证书种类的准确数据

•考生的考评认证和考评记录，以及考评记录可以保留的期限

•提供准入前提，以及确保实施外部质量保障的人员和记录

•处理和报告不当行为的程序

同时，颁证机构还要为考试中心和考官提供从事考试考评工作清楚的信息和责任清单，搭建起针对国家职业资格证书考评的专家建议和指导通道，以及为国家职业资格证书考试提供专业的指导和服务。每种国家职业资格证书都有一个完整的考评指南，考评指南设定了考评的范围和原则以及相关机构建立的外部质量控制。指南要准确解释考评要求并且还要说明以下问题②：

•哪些标准需要考核考生在工作场所中的表现

•模拟工作条件在考试中何时应用以及应用的程度，模拟工作条件应该具备的特征，包括资格所需的、构成真实工作环境中的有关内容

•职业技能考评专家和内部审核员应该具备的素养和能力

•哪些是可接受的佐证材料

•外部考评中的质量监控策略

---

① QCA. NVQ code of practice[Z].2006:7.

② QCA. NVQ code of practice[Z].2006:7.

表 16　考试中心的管理体系标准①

序号	标准要求	佐证材料
1	考试中心与国家职业资格证书相关的目标、政策要得到高级管理层的支持和考评团队的理解	质量监控流程记载;工作进度报告和人员更新
2	考试中心的登记政策、公平评价政策和考试操作得到所有考官和考生的理解和遵循	政策和程序记载;登记政策和考评政策评价机制
3	考评和内审团队的角色、义务、权力和职责要清楚地界定、分配和理解	质量保障程序记载;组织图表;与合作伙伴签署并记载的有关问责制的协议;所有考试网站和考官的记录;考评团队和内审员的简历
4	考评团队与办证机构之间的有效沟通	员工手册和更新证明;组织图表;团队会议的备忘录;与颁证机构的沟通记录
5	当某些变化可能影响到其达到合格标准时,考试中心要将这些变化及时告知颁证机构	有关考官和内审团队变化的通知;有关资源变化的通知
6	考官和内审员有足够的时间、资源和权威,有效地履职尽责	考官和考生分配的记载;考官与考生的比例和时间分配;考官和内审员的口头承诺
7	提供给颁证机构的注册和取证信息要完整和准确	考生注册的详细信息和证书需求记载
8	解决好资格证书规范、考评指南和相关颁证机构资料的查询问题并做好记载	颁证机构的查询记载;内审员的查询记载
9	考生记录和成绩是精确的,并且安全保存,以便外部审核和验证	考生注册详情;考生考评记录;佐证文件;安全管理和资料查阅管理
10	查询要遵循其前提、记录和信息,要遵循考生和员工外部验证的需要	数据和信息管理系统;考生管理跟踪系统;考评和内部验证记载

① QCA. NVQ code of practice[Z].2006:22.

表 17　考试中心的资源标准①

序号	标准要求	佐证材料
1	具备足够的能力以及合格的考官、内审员,满足国家职业资格证书考试和结果复核的需要	考评团队的简历和发展计划;考官和内审员名单;考官与考生的比例
2	建立员工发展计划	员工入职和指导材料;会议、简报和更新记录;个人发展计划的记录;获取相关资格证书的行动计划
3	具备颁发相关资格证书指定的全部资源并且资源有效可用	资源可用性记载;其余可用资源的证明
4	考试中的设备和住宿安排要符合健康和安全要求	公共雇员责任证书;设备和住宿登记;维护时间表;健康和安全政策

表 18　考试中心的考生支持标准②

序号	标准要求	佐证材料
1	向考生和潜在的考生,提供有关考试程序和实践的信息、建议和指导	考生指南和入门材料;可用服务的详细材料;申请程序;考生的口头承诺
2	学生发展需要与证书要求一致,并且要为每个考生建立一个约定的考试计划	考生初步考评程序;考生考评计划;初学者和实习生合约
3	考生可以定期复查其考试进展和考试目标,并相应修改其考试计划	考生考评计划;复查会议的频率;考评计划变更的例子
4	通过一系列有效的考评方法来鼓励考生的参与	考评计划和考生考评记录;为考生提供特殊的考评需求
5	考生的特殊考评要求,能够得到确认并尽可能地满足	满足考生特殊要求的材料和设施设备

① QCA. NVQ code of practice[Z].2006:24.

② QCA. NVQ code of practice[Z].2006:25.

续表

序号	标准要求	佐证材料
6	建立成文的考生申述程序并且面向所有考生	申述程序(包括申述理由和时间)记载;申述案例和结果记载
7	面向考生发放单元考试证书	单元考试注册和颁证记录;入门材料

表 19　考试中心的考评标准①

序号	标准要求	佐证材料
1	内审的程序和行动要形成文件规范并且符合国家标准,同时确保工作质量和考评的一致性	内审计划和报告;一个抽样策略和行动方案;考评团队会议的记录;考官网评条件
2	考评结果和行动要定期抽样,以确保连贯性和公平性	考评抽样(观察、考生组合、知识和证据等);内部复核计划和行动记录;考评策略记录;考评团队会议备忘录;网评和标准化事件记录
3	内审活动要与颁证机构的要求一致,并且能够满足审计所需	内审计划和抽样记录;团队会议备忘录
4	内审策略的效果要达到国家要求,并且更新的国家标准也要在执行中得以贯彻	抽样策略的内部审核;外部审核报告;采取补救措施的证据
5	考评要由高水平和专业的员工执行	考评团队的详情(包括职业背景、经历、拥有的相关资格);考评任务安排会签的详情
6	内部审核由合格的、有经验的员工执行	内审人员职业背景、经历以及相关资格的详情;内审任务安排会签的详情

① QCA. NVQ code of practice[Z].2006:26.

表 20　考试中心的记录标准①

序号	标准要求	佐证材料
1	考试中心的成就往往被监管、检验，并且用于预示中心未来的资格证书开发活动	内部审计/自我评价安排；审批标准的要求记录；纠正和弥补措施的材料
2	根据考试中心既定的目标和政策，考生、雇主和其他反馈信息用于评价资格证书条款的质量和有效性，并且推动持续的改进	评价形式和调查；使用者的许可证明和客服的服务描述
3	外部复核的信息要反馈给考官团队，以便采取改进措施	传达给考官团队和高级管理层的外部复核报告；行动计划
4	信息和记录系统要能够使考生取得的成绩经得起监管和审查	成绩记录；有关成就和证书获得比例的统计信息（根据民族、残疾和性别等因素分析而来）

3.数据要求（Data Requirements）

颁证机构要对其授权的考试中心进行准确登记，包括考试中心具有唯一性的编号（由英国学习注册中心提供的唯一数字编码）、授权的时间以及每种国家职业资格证书授权的详情和时间。得到授权的考试中心要按照权威管理机构的要求，以一种标准的格式提供这些信息（表 21），同样，颁证机构也要按照要求向管理机构提供这些信息。

颁证机构要负责为考试中心提供如何保存记录的介绍和指导，特别是要指定可以用于追踪考生进度以及独立复核的最少信息，这些信息涵盖了如下几方面。一是所有考生的信息清单，包括考生姓名、出生日期、联系地址、工作地址和联系方式、考官姓名、内审人员姓名、注册时间。二是考生考

① QCA. NVQ code of practice[Z].2006:27.

评记录的详情,包括谁什么时候考评了什么内容、考评决定、每个单元或组成部门的考评方法、支撑材料的定位。三是内部审核活动的详细记录,包括谁什么时候审核了什么内容、样本选择的详情和基本原理、内部检验标准化会议、考官评议会、考官和内审员能力以及考评过程进展监管。四是考生要保留的佐证材料。五是证书(包括单元证书)的申明记录,谁什么时候出具的该申明。

通常情况下,颁证机构要求考试中心保留这些记录至少三年时间,以便外部审核和申述时查阅,并且这些记录也要能够应要求提供给管理机构。

表 21　通用数据要求①

数据项目	定　义
a)考试中心的数据	
考试中心编号	中心独一无二的识别号码
考试中心名称	
考试中心地址	
考试中心邮编	
考试中心电话	
考试中心类型	
b)考生数据	
考生姓氏	考生的姓或者家庭名
考生名字	名字或者名中超过三个单词的首个单词
考生生日	日/月/年
考生性别	男/女
考生民族	考生的种族族群(主要来源于政府统计数据清单列表)
考生编号	颁证机构给每个考生发放的唯一的识别编码

① QCA. NVQ code of practice[Z].2006:29.

续表

数据项目	定　义
注册时间	考生向颁证机构登记注册的日期
单元证书	考生已经通过考试的单元证书清单
最终结果	考生所取得的成绩情况
颁证时间	证书发放的日期
考试语言	考生在考试中使用的语言,如英语、威尔士语或爱尔兰语
c)证书和单元数据	
证书代码	颁证机构为每个证书所设置的唯一识别编码
证书级别	
证书标题	资格证书的名称
单元编码	单元唯一的识别编码
单元标题	单元的名称

4.考评(Assessment)

国家职业资格证书考评必须遵循有关管理机构、技能委员会或相关部门指定的考评策略,这些考评策略能够客观地检验考生在工作场所中所展示的真实能力,当然,考评策略的有效实施依赖于以下相关要求:①考评标准中要求的技能、知识和理解,能够在指定的工作场所中得以应用;②规范用于考评的材料类型和数量;③通过工作场所的能力表现,考查、识别国家职业标准所要求的所有内容;④指明在考评中可能用到的模拟工作环境的内容,以及模拟环境的特征和对组成真实工作环境的定义;⑤对考官、内审员和外部审核员专业特长的要求。

5.证书报告(Reporting)

国家职业资格证书的结果主要是依据国家资格证书框架体系规定的1~5级进行报告,比如航空工程 NVQ3 级证书、农作物生产 NVQ2 级证书,这样既便于与其他外部资格证书进行价值比对，又利于与高等教育序列证书进行一一对应，符合英国资格证书普职融合发展的总体要求。在证书报告时，英联邦规定学习者的单元成绩在各邦国间可以互相认可，学习者可以累积自己在不同机构、不同时期的学习成绩，颁证机构按照组合原则对这些成绩进行认定并最终形成报告。比如，学生在英格兰获得航空工程国家职业资格证书的某个单元成绩，可以在北爱尔兰得到认可和累积，大大方便了学习者的学习积淀。

三、“普职融合”成熟阶段的资格与学分框架体系

自实施国家资格证书框架体系以来，不同类型外部资格证书之间的价值比较变得更加容易，证书的各种级别与欧盟接轨也变得更加清晰，为学习者和雇主提供了极大便利，但依然存在不少问题。比如，在国家资格证书框架体系中，虽然不同类型外部资格证书之间形成了对应的价值比较关系，但缺少统一的衡量标准，外部资格证书的普职融合还有一定难度；学习者多元化学习、自主式学习也得不到很好的实现，学生不能很好地在职业教育轨道和普通教育轨道有效转换等。为了解决这些问题，英国政府从 2003 年起，耗时近 5 年进行测试、论证和开发，于 2008 年宣布尝试推行资格与学分框架体系，它的产生，标志着英国“普职融合”资格证书框架体系走向成熟。

（一）资格与学分框架体系设计的目标维度

资格与学分框架体系是英国资格证书制度改革的延续和深入，它在国家资格证书框架体系的基础上，让英国“普职融合”资格证书框架体系更加具备如下明显的特征：一是全纳性，这套体系能够认可所有学习者的学习成果，无论其资格等级或学习领域；二是互动性，能够使学习者和雇主之间建立起满足他们需要的成就认可路线，以及认可相关机构根据需要开发的学习单元和资格证书；三是明了性，该套体系具有鲜明的设计特点，便于让所

有使用者更加清楚理解；四是可靠性，该体系建立在相互信任和信心的基础上，具有更加强大、合理的监管和质量保障系统。

为了呈现上述特征要求，资格与学分框架体系基本沿袭了国家资格证书框架体系的结构和维度，依然是分成从入门级、1～8 级的 9 级证书体系，只是框架体系以学习量（学分）和难易程度（等级）两个维度，更加简单明了地呈现出这种框架体系结构，如图 6 所示。对证书类型则按照学分数的多少分成证明（Award）、证书（Certificate）和文凭（Diploma）3 种类型，把证书的类型、难度和学分数更加直观地通过名称反映出来，让外部资格证书的价值比对和证书互换变得更加直接，这是国家资格证书框架体系没有实现的新成效。

图 6　资格与学分框架结构图

资格与学分框架体系的实施与推广，为学习者、教育机构和雇主提供了一套全纳、灵活的体系，这套体系通过单元和证书，第一次实质性引入“学分”作为衡量和比较的标准，最大范围地认可学习者的学习成效，真正打开了英国外部资格证书普职融合的大门。

（二）资格与学分框架体系的学习单元

按照解构主义和重构主义理论，知识和技能都可以细化成若干模块，而且每个模块都有其独立的特征、价值和意义，同时，被打破的知识模块还可以根据一定的规则重新组合成新的知识。基于这种哲学理念，英国政府推动资格证书框架体系和外部资格证书改革，把获得某种资格证书所必需的知识和技能，按照一定的规则分成了若干学习单元。学习单元就是外部资格证书的最小单位，也是所有资格证书的基石。

学习单元由国家指定的专业机构开发，往往包括单元名称、学习成果、考评标准、单元等级等基本要素。经过审核通过的学习单元，将列入资格与学分框架体系的单元数据库中，一旦这些学习单元被列入单元数据库，就可以按照相关规则组合成外部资格证书。颁证机构会将这些学习单元的组合原则、外部资格证书的认证方法对外公布，并且正式向学习者提供该项服务。

1.单元名称(Unit Title)

每个学习单元都有其特定的名称，这些单元名称大有讲究。首先，名称要清晰、明了，并且能够反映单元本身的实质内容；其次，要有独特的意义以免混淆不清，不能涉及其他单元、资格和标准的相关信息；另外，单元名称不能提及资格与学分框架体系等级或者可能与成果等级相关的信息，因为在单元的其他构成要素中要明确界定。我们不妨看看几个学习单元的名称，比如在数字技术3级高级技术证书中，其一些学习单元的名称为“项目管理”“信息安全”“软件开发基础”“数据收集和分析”“应用程序开发”等；在学习传递技术4级证书中，其一些学习单元的名称为“协作技术应用”“学习传递技术应用”“学习传递技术共享实践”等。这些学习单元的名称都严格按照相关规定设计和执行。

2.学习成果(Learning Outcomes)

每个学习单元都有非常明确的学习预期，也就是我们通常所说的学习成果，这不仅有助于学习者自己对学习内容、学习成效的整体把握，而且也为考评者提供了翔实可靠的评价依据和基础。

学习成果要清楚地阐述完成所有学习过程和内容之后，学习者应该知道、理解和会做的事情，并且用学习者通俗易懂的语言清晰、连贯地表达出来。学习成果的表述要用第三人称的形式，无论是在单元提供以前还是在成果取得以后，都能够体现对学习者的价值和意义。同时，所有的学习成果都是能够被评估的，并且考评结果与考评标准之间具有高度关联性。

在“医疗及社会保健”资格证书中，我们以“个人辅助技术应用”单元为例，其学习成果包括了知识理解和实操技能两大类，每一类学习成果都有对应的评价标准（下文将详细介绍）。知识理解类成果要求学习者了解“医疗辅助技术”用于个人的范围和目的，而实操技能类成果则要求学习者能够帮助患者有效使用所选医疗设备。又如，在中风保健认知2级证明资格证书中，其“中风认知”单元的学习成果，就要求学习者了解掌握中风是什么、怎样识别中风、中风危险因素的处理、中风应急反应和处置的重要性以及中风处置等知识和技能。

3.考评标准（Assessment Criteria）

评价标准解决的是“考什么”的问题，而评价方式则是解决“怎么考”的问题。无论是权威管理机构、颁证机构，还是考试中心，对外部资格证书和学习单元的考评都高度重视，形成了各自的质量管控体系。我们以“医疗及社会保健”资格证书为例，伦敦城市行业协会作为颁证机构形成了外部质量保障体系，而其下属的各个考试机构又有自己内部的质量管控系统，确保对资格证书的评价客观公正、真实有效。考评方式包括以下几种类型：知识和理解考查，一般由考生自由安排时间完成；闭卷问答考试，主要是指考生在规定时间、规定地点闭卷完成问题答询；研究及报告任务，也是由考生自由安排时间、地点完成其研究报告；实操测试，主要由考生呈现其实操技能，譬如现场演示、技能成果等；现场工作测试，要求考生在真实的工作环境下，完成项目、任务或信息整理。

前面我们梳理了“怎么考”的问题，下面我们再看学习单元对“考什么”做何规定和要求。考评标准详细说明了学习者通过单元学习后所取得的实际成果，并且与其规定的考评语言一致，能够充分支持学习成果的可靠性、有效性和一致性，但不会给学习者和考评者造成考评负担，此外，不涉及具体的考评方法和工具。依然以“个人辅助技术应用”为例,针对知识理解类学习成果,其考评标准包括4个方面:一是考生对“辅助技术”下定义,二是列举一个关于“辅助技术援助”的案例,三是解释所列举的“辅助技术援助”的功能,四是描述“辅助技术援助”如何能够提高参与度和参与内容。针对实操技能类学习成果,其考评标准包括如下3个方面:一是帮助患者获取辅助技术的信息,二是帮助患者根据说明书或者操作流程使用辅助设备,三是提供关于辅助设备的信息反馈。

(三)资格与学分框架体系的学分等级

按照终身教育的理念和特征,教育应该为所有的民众提供平等接受教育的机会,没有排斥、没有歧视、没有分类,无论学习地点、学习时间、学习形式,学习者都可以获得公平的学习机会,其学习成果也能够得到公正的认可。资格与学分框架体系的学分等级是建立在学习单元的学分和等级基础之上的,为此,外部资格证书的每个学习单元,都有其对应的等级和学分;其学分的设计理念是基于国家学习时间(National Learning Time),国家学习时间包括引导学习时间(Guided Learning Hours)和指定研究时间(Directed Study Hours)。无论是普通教育的学习,还是职业教育的学习,只要完成相同的国家学习时间即学分,其学习成果都是对等的,这就为职业教育与普通教育学习成果的比对融通奠定了基础。同时,单元的等级和学分不因学习场所、学习方式以及评价方式变化而发生变化,这也高度契合了英国在21世纪大力推进终身教育、终身学习的要求和使命。

1.单元等级

所有的单元都有其对应的唯一等级,这个等级反映了学习成果的复杂性、自主性和涉及范围。比如,个人辅助技术应用单元2级,中风认知单元2级,个人身体调理辅助单元3级等。单元的等级确定非常严谨,需要对照资格与学分框架体系的各个等级描述,综合比较其学习成果和评价标准而确定。但是,单元的等级并不和资格证书的等级呈唯一对应关系,也就是说单元 2 级并不一定只是针对证书 2 级设计的。以中风认知单元 2 级为例,它既是资格证书中风认知 2 级证明的必修单元,也是中风管理 3 级证书的必修单元。当然,学生想获得中风管理 3 级证书除了要必修中风认知单元 2 级外,还要必修理解中风管理单元 3 级、帮助个人处理吞咽困难单元 3 级和帮助个人沟通需要单元 3 级,同时选修帮助处理疼痛和不舒服单元 2 级等 18 个单元的 9 个学分,才算全部完成规定任务。由此不难看出,单元等级是学习单元不变的属性,不与证书的等级成唯一对应关系,也与外部资格证书在资格与学分框架体系的坐标位置无关。

2.单元学分

学分(Credit)是指学习者在完成单元所有规定的学习任务并评估合格之后,被赋予的学习成果认证价值。一个学分相当于 10 个小时的学习量,这里的学习时间就是前文所指的国家学习时间。由于单元的复杂程度和标准要求不一,其学习时间也有所不同,这也是单元学分值(Credit Value)的基础。单元的学习时间又分成引导学习时间和指定研究时间,每个单元设计时都对引导学习时间(简称 GLH)做了具体规定。比如,理解中风管理单元 3 级的学分值为 4 分,其引导学习时间为 36 小时,其余 4 小时由其他形式学习时间补充;帮助个人处理吞咽困难单元3 级的学分值为 5 分,其引导学习时间为 35 小时,其余 15 小时由指定研究等时间补充。学习者被授予的学分一定是单元学分值规定的学分,不能因为考生完成部分任务而给一部分分值,或者因考生其他学习成果优异而充替规定学习任务。以理解中风管理单元 3 级为例,其学分值为4 分,考生被授予的分数也只能是 4 分,不能高于也不能低于此分数,因为单元已经是对知识解构之后的最小模块了。

在资格与学分框架体系中,学分是可以累积和转换的,为外部资格证书普职转换和等值奠定了基础。学分累积就是学习者为了满足某个外部资格证书的学分要求,把其所获学分累加的过程。如中风管理 3 级证书所需学分为26个,其中包括17个必修学分,9个选修学分。学习者不可能同时获得26个学分,需要对所学单元的学分不断累积,其学分累积的过程也就是学习的过程。而学分转换则是指为了满足某个证书的学分要求,把不同证书甚至是不同机构的学分相互转换融通的过程。当然,不同证书、不同机构之间的学分转换并不是无序进行的,而是按照国家的相关规定和要求有序推进。单元的等级、学分等情况见表22。

表22 “健康和社会保健”文凭的单元4222①

题目:帮助个体使用辅助技术	
单位认证编号	H/601/3451
等级	2
学分	3
学习结果评价准则 学习者将会:	 学习者能够:
懂得辅助技术的排序和目的 能够支持个体	1.1 定义辅助技术这个术语 1.2 列出辅助技术的样本 1.3 解释所挑选的辅助技术样本的功能
能够对选择性的辅助技术有所贡献	2.1 帮助个体获取辅助技术的信息 2.2 通过运行指令等支持个体使用辅助技术

单元还需要一些附加信息来补充说明,如单元目的和目标,有效期限,单元与国家职业标准、其他专业标准、课程之间的详细关系,单元评价要求,单元在学科或职业分类系统中的位置等。单元的设计方便了资格认证,简化了资格框架内部“普职”转换的程序。通过对学习单元的改革,建立起单元与学分的对应关系;通过对单元授予学分,实现对学习成果的资格认证;

① City & Guilds.A Guide to Assessing City & Guilds Qualifications in Health, Health and the Health and Social Care Diploma Social Care and the Children and Young People's Workforce[Z].2012:5.

通过学分积累与转换，实现普职证书之间的等值与转换，有了外部资格证书的普职等值，也就为学习者在职业教育和普通教育轨道上自由切换提供了条件和依据。

(四)资格与学分框架体系的证书标准

2008 年，英国政府推出资格与学分框架体系的同时，对外部资格证书也进行了全面的改革。改革后的外部资格证书以学习单元作为基本模块和最小单元，因此，对相关学习单元的考评认证是外部资格证书考评的起点和基础。学习者修完数据库中的若干学习单元后，按照某种外部资格证书所需的单元组合规则，提请相应机构考评认证，最终获得体现其学习成果的外部资格证书。学习者提出申请的资格证书，颁证机构要从其名称、组合规则、升级办法以及特定单元的评价形式等方面进行考察，确保认证结果的有效性。

1.证书名称(Qualification Titles)

在资格与学分框架体系中的外部资格证书，其证书名称一般按照证书等级、学习量大小以及准确而简洁的内容介绍这种格式呈现。如“Level 4 Certificate in Technology in Learning Delivery”(学习传递技术 4 级证书)，其中“Level 4”代表的是该证书的等级，即证书难度，“Certificate”代表的是该证书的学习量大小，即学分为 13～36，“Technology in Learning Delivery”则是对该证书核心内容的精要概括。又如“Level 3 Advanced Technical Certificate/Foundation Diploma/Diploma in Digital Technologies”(数字技术 3 级高级技能证书/基础文凭/文凭)，“Level 3 Advanced Subsidiary GCE in Mathematics”(数学 3 级 GCE 副 A 水平证书)，“Level 3 Advanced GCE in Applied Art and Design”(应用艺术设计 3 级 GCE A 水平证书)。

如上文所述，资格与学分框架体系分为两个维度，一个维度是学习难度即等级,一个维度为学习量大小即学分。所有外部资格证书无论是职业资格证书还是普通教育证书,甚而高等教育证书,在这个体系中都能形成非常清晰的对应关系。比如资格与学分框架体系1级职业资格证书对应普通中等教育成绩为D~G的证书,资格与学分框架体系3级职业资格证书对应普通教育证书副A和A水平证书,资格与学分框架体系6级职业资格证书对应高等教育的学士学位、证书和文凭,也就是说获得这些同一等级证书的难度是相同的,只是学习量大小的差异,这也充分体现了英国教育“普职融合”的理念。学习量大小主要通过学分多少来衡量,为此证书就分成了1~12个学分的证明(Award),13~36个学分的证书(Certificate),37个学分以上的文凭(Diploma)3种类型。因此,我们从外部资格证书的名称就能够清楚地了解其在资格与学分框架体系中的坐标位置,其对应关系、学习难度、学习量大小以及主要内容,这就为学习者、雇主和社会提供了分辨证书的极大便利。

2.组合规则(Rules of Combination)

组合规则指通过完成特定的学习单元,获得某种资格证书必须取得的学分,然后按照一定的规则累计组合这些学分,达到资格证书所需的学分量和相关要求。资格与学分框架体系中所有等级资格证书的学分组合规则都有标准的呈现模式。例如,获取某种资格证书所需的学分量,这些学分哪些是属于必修单元的学分,哪些是选修单元的学分。中风管理3级证书的学分数为26个,要获得该证书必须达到或者超过该学分数,其必修学分为17个,选修学分为9个。又如,如果某些证书没有特别的限制,权威机构还要为学生提供数据库中的学习单元,记录其所获得的学分,并按照相应的组合原则应用到这些证书的学分累积中。还有一些证书的学分可以来自等价单元(Equivalent Units),这些等价单元要么是出自其他证书的学习单元,要么源于不同机构认证的学习单元,但无论如何其学习难度即等级应该等于甚至超过原有必修、选修单元,其学习时间即学分量要大于原有必修、选修单元，才能转换成考生想要替代的单元和学分。

另外，按照多元智力理论，资格与学分框架体系坚持以人为本，为学习者提供多元的成长路径，使每个人都能充分发挥自己的优势，展现自己的独特才能。因此，资格与学分框架体系还制定了学分豁免政策。资格与学分框架体系内的多元路径主要通过上文所述的其他单元和等价单元的学分转换来实现，而资格与学分框架体系外的多元路径主要通过豁免政策来实现。学习者可以通过资格与学分框架体系外的独特成就，当然这种成就必须是与证书内容相关的，来充抵资格与学分框架体系内的某个或某些必修、选修或等价单元。这和我国高等职业教育中，某些学生如果获得职业技能大赛的重要奖项，就可以充抵其相关专业的学分，甚至可以由专科层次直接升入本科层次的教育理念是一致的。当然这些豁免政策也有时限、有效性和内容相关性等方面的要求。

资格与学分框架体系的组合原则，不仅为外部资格证书普职融合奠定了基础，而且提供了可行的操作路径。所有的外部资格证书都可以根据不同单元组合而成，也就意味着普通教育证书与职业资格证书可以通过这些组合原则实现证书间的切换，比如学习者选择对应的单元学习或者申请豁免政策充抵学分。同时，组合原则的应用还为在不同教育轨道上自由切换的学生提供了可能，学习者在原有轨道上获得的学分都可以累积，而且按照组合原则同样可以转移或充抵到新的学习中去。

3.证书定级（Grading）

由于单元学习的连贯性，而且学习时间相对较长，可能一些证书的考核不是以每个单元作为独立的考核对象，而是将多个单元合并考核，此时的外部资格证书评估结果则可以分成若干等次。这里的等次（Grade）和前文所述的等级（Level）不一样，Grade 表示横向的学习效果，Level 表示纵向的学习难度。比如，A 水平证书在资格与学分框架体系中为 3 级（Level）水平证书，但其考核结果可以分成E、D、C、B、A 、A* 6个等次。数字技术3级高级技能证书/基础文凭/文凭的考核结果，分成Distinction*，Distinction，Merit，Pass（特优、优异、优良、通过）4个等次，当然成绩不达标肯定不能通过。由此，我们看出英国政府对外部资格证书处理的灵活性，也就是说学生修满学分即可获得相应证书，但同时有些证书还有等次之分，体现了证书本身的“含金量”，并不是千篇一律。

那些适用于定级的外部资格证书，其定级规定必须详细阐明其定级标准和等次范围，定级标准就是指考生的不同表现要求，等次范围则是用于显示考生的不同表现。用于定级的外部资格证书依然要遵循资格与学分框架体系的所有规定，比如，等次范围都必须包括只基于单元评价标准的“通过”等次，定级标准同样要以单元评价标准为基础，并且要与证书等级相一致。当然，这些外部资格证书的等次，一般不再使用“学分（Credit）”这个术语来描述在等次范围中学生的任何绩点（Point）。

下面，我们以“数字技术3级高级技能证书”为例，了解证书定级的具体情况。数字技术3级高级技能证书仅仅7个必修单元的引导学习时间就为360小时，还有选修单元以及指定研究时间，因此其学习时间相对较长。其考评包括两种方式，一是课程作业，占比60%；二是外部测试，占比40%，外部测试往往在学习全部结束后进行。数字技术3级高级技能证书分成特优、优异、优良、通过4个等次，每个等次都有其定级标准，“通过”等次的标准如下①：

- 考生在一系列复杂的活动中应用知识和技能，展示其对相关理论的理解
- 考生独立地访问和评估信息
- 考生通过信息分析，做出合理的判断

---

① City & Guilds. Level 3 Advanced Technical Certificate/Foundation Diploma/Diploma in Digital Technologies[Z].2015:13-14.

•考生能够对一些不熟悉或不可预测的问题做出有效反应

•考生使用一系列技术或学习技能在各种熟悉或陌生的环境中操作应用

•考生根据指南和评估进行自我定向活动

•考生充分证明对考试要求的理解并且提供相应佐证

•考生提供表明知识与任务相关的佐证

所有高于"通过"的其他等次,都要先满足"通过"等次的所有标准,然后还要满足其相应等次的其他标准要求,才可以定为更高等级。

我们再看看"数字技术 3 级高级技能证书"的绩点及等次情况,其"通过"等次的最低绩点为 2(外部考试)+3(课程作业),"优良"等次的最低绩点为 4(外部考试)+6(课程作业),"优异"等次的最低绩点为 6(外部考试)+9(课程作业),最大绩点为 7(外部考试)+11(课程作业)(表 23)。

表 23　数字技术 3 级高级技能证书的等次①

	通　过	优　良	优　秀	最高值
外部考试	2	4	6	7
课程作业	3	6	9	11

所有的等次绩点都是一个区间,但必须同时满足双低线,否则只有降等次认定。比如,如果考生外部测试达到"优良"等次的绩点 5,但课程作业为"通过"等次的绩点 4,那么其最终等次为"通过"。当然,如果任何一种考试的绩点都低于"通过"等次的最低绩点(表 24),那么考生将不被授予任何证书。

① City & Guilds.Level 3 Advanced Technical Certificate/Foundation Diploma/Diploma in Digital Technologies [Z].2015:22.

表 24　数字技术 3 级高级技能证书的绩点区间①

两者评估总分	等　次
17~18	优秀
15~16	优秀
10~14	优良
5~9	通过

四、资格与学分框架体系下的外部资格证书列举

为了更好地实现外部资格证书的普职融合，英国政府用资格与学分框架体系取代了原有的国家资格证书框架体系。由于体系结构及其设计理念的变化，外部资格证书的相关要求和标准也随之发生系统性的变化，正如上文所详细介绍的那样，资格与学分框架体系下外部资格证书的基础变成了学分和单元，外部资格证书的命名方式、组合规则、考评体系以及证书定级等都进行了全面改革。下面以“电气安装 3 级证明”“应用艺术设计普通教育证书”为例，介绍资格与学分框架体系下的外部资格证书。

（一）电气安装 3 级证明

1.基本情况

电气安装 3 级证明主要是针对训练电工具备相关经验而设计的，同时也适用于电气相关专业人士，如测量员、顾问、交易员等更新和加深他们对国际电气工程师学会（IEE）布线规则的理解，还适合那些希望证明自己对

① City & Guilds. Level 3 Advanced Technical Certificate/Foundation Diploma/Diploma in Digital Technologies[Z].2015:22.

IEE 17 版布线规则(国标 7671)有所理解的人。

IEE 布线规定(国标 7671)是英国电气行业关于电气设备和系统安全使用、操作的权威标准,不仅为英国政府建立了相关要求和操作标准,而且符合欧共体标准并得到英国标准委员会的认可。电气安装 3 级证明的目的就是要确保证书持有者熟悉电气安装要求的格式、内容和应用程序。

该证明是由英国城市行业协会联合英国电气行业主要成员 NICEIC 集团、ECA 集团开发的,得到了英国 SSC SummitSkills 的大力支持。要获得该证明,考生必须从必修单元中获得 4 个学分,当然有且仅有 1 个必须单元含 4 个学分。获得该证明的考生可直接就业,也可通过学分累积申请相关专业资格证书,如基础检查测试验证 2 级证书、电气设施检查测试认证 3 级证书、电气设施设计安装验证 3 级证书、电气住宅安装承办商建筑法规 3 级证书。

2.证书考评

考生要想获得此证明,需要成功通过多项选择的在线测试,属于开卷测试,考生可以带参考资料《国际电气工程师学会布线规定(国标 7671)》进入考场。带入考场的《国际电气工程师学会布线规则手册》可以包含以下内容[①]:

- 书签(如空白便笺、显示章节的编号便签或角落折叠的页面)
- 文本标注
- 正误表,由国际电气工程师学会发布,作为 2008 年 7 月布线规定的补充

带入考场的《国际电气工程师学会布线规则手册》不能包含以下内容:

- 考试样题,答案或图
- 任何与规定有关的书面材料或笔记

① City & Guilds. Level 3 Award in Requirements for Electrical Installations BS7671[Z]. 2008:9.

•有助于考生提高考试成绩的任何笔记、图表和内容

英国城市行业协会还拟定了该证明的一个简略考试大纲,对考试的时长、成果展示、问题数量和分数权重等都做了详细规定(表25)。

表25　电气安装3级证明考试大纲简表①

考试1:单元101			
时长:2小时			
单　元	成　果	问题数/个	分数权重/%
101	1.理解国标7671的范围、对象和基本原则	4	7
	2.理解国标7671中的各种定义	2	3
	3.了解如何评估电气安装的一般特征	6	10
	4.了解电气设施安全保护的要求	15	25
	5.了解电气设施选择和安装的要求	14	23
	6.了解电气设施检查和测试的要求	4	7
	7.了解国标7671确定的特殊安装和位置要求	10	17
	8.掌握包括在国标7671附录的相关信息	5	8
小计		60	100

3.学习单元

电气安装3级证明是一个单元的证书即单元101,该单元的名称为“国标7671及电气安装应用要求”,单元结构包括参考号码、认证号码、标题、等级、学分值、单元目标、外界关系、支持单位、评估信息、学习成果等,对于其学习成果的规范要求特别细致(表26)。

① City & Guilds. Level 3 Award in Requirements for Electrical Installations BS7671[Z]. 2008:10.

表 26　电气安装 3 级证明单元情况①

单元认证号码：　J/503/4802
单元等级：　　　3
学分值：　　　　4
引导学习时间：　35
支持单位：SummitSkills
单元目标：该单元要帮助学习者理解国标 7671 的全部内容，以及如何应用在电气安装的范围内。
学习成果
学习者应该： 1. 理解国标 7671 的范围、对象和基本原则
评价标准
考生能够： 1.1 确定国标 7671 的范围 1.2 确定国标 7671 的对象 1.3 确定国标 7671 的基本原则
学习成果
学习者应该： 2. 理解在国标 7671 中使用的各种定义
评价标准
考生能够： 2.1 解释在国标 7671 中使用的各种定义 2.2 把定义和国标 7671 中的规定和附录联系起来
学习成果
学习者应该： 3. 了解如何评估电气安装的一般特征
评价标准

① City & Guilds. Level 3 Award in Requirements for Electrical Installations BS7671[Z]. 2008:12-14.

续表

考生能够： 3.1 解释国标 7671 中提及的电气安装一般特征评估的有关要求
学习成果
学习者应该： 4.了解电气设施安全保护的要求
评价标准
考生能够： 4.1 确定国标 7671 范围内安全保护的要求 4.2 解释如下防护如何适用于电气设备国标 7671 范围： •电击防护 •热效应防护 •过载电流防护 •电压和电磁干扰防护
学习成果
学习者应该： 5.了解电气设施选择和安装的要求
评价标准
考生能够： 5.1 在国标 7671 范围内，确定选择和装配设备的要求 5.2 解释如何适用于电气设备国标 7671 范围： •通用规则 •布线系统的选择和安装 •保护、隔离、控制、切换 •监控 •接地安排和保护导体 •其他设备 •安全服务
学习成果
学习者应该： 6.了解电气设施检查和测试的要求
评价标准

续表

考生能够： 6.1 确定检查和测试要求 6.2 解释如何适用于电气安装
学习成果
学习者应该： 7.了解国标 7671 确定的特殊安装和位置要求
评价标准
考生能够： 7.1 确定特殊安装和位置要求 7.2 解释特殊安装和位置要求如何作用于规定的普通要求
学习成果
学习者应该： 8.掌握包括在国标 7671 附录的相关信息
评价标准
考生能够： 8.1 确定在国标 7671 附录中的相关信息 8.2 指出在国标 7671 附录中的相关信息是如何支持电气安装活动的

(二)应用艺术设计普通教育证书

1.证书情况

应用艺术设计普通教育证书是为考生继续培训、教育以及在艺术设计领域就业而开发的，主要基于工作环境以增进学习者对艺术设计领域的把握和理解。应用艺术设计普通教育证书分为副 A 水平单、双重证书，A 水平单、双重证书和 A 水平副 A 水平证书共五种。这些证书依然沿用了国家资格证书框架体系中的标题代码。另外，衡量普通教育证书通用价值的依然是学习时间，三个单元的普通教育证书副 A 水平单证书的引导学习时间为 180 小时，六个单元的普通教育证书副 A 水平双证书的引导学习时间为 360

小时,六个单元的普通教育证书 A 水平单证书的引导学习时间为 360 小时,六个单元的普通教育证书 A 水平双证书的引导学习时间为 720 小时。

2.单元情况

应用艺术设计普通教育证书共有 14 个单元,所有的证书都是由这些单元按照不同的规则组合而成的。这些单元分别是单元一:2D 和 3D 视觉语言(2D and 3D Visual Language);单元二:材料、技术和流程(Materials, Techniques and Processes);单元三:视觉传达和意义(Visual Communication and Meaning);单元四:2D 环境实践(Working in 2D);单元五:3D 环境实践(Working in 3D);单元六:作品评论(Develop Set Ideas);单元七:作品展示(Produce Set Ideas);单元八:个人及作品集开发和进展(Personal and Portfolio Development and Progression);单元九:作品引用(Contextual References);单元十:专业实践(Professional Practice);单元十一:开发培育独立见解(Develop and Produce Own Ideas);单元十二:美术(Fine Art);单元十三:设计(Design);单元十四:多媒体技术(Multimedia)。下面我们以第十四单元“多媒体技术”为例,详细解释单元的基本情况。

该单元鼓励传统和新技术的相互作用,从而开发创造性的视觉效果。在设计和产出作品时,通过组合使用传统媒体、数字媒体、软件和图像操作项目,可以让学习者自觉地探索图形技术、移动图像、摄影和互联网等科目。在该单元学习中,学习者还将学习如何创造性地交互使用适当设备以及软硬件产品,学习如何根据自己的想象、观点设计、开发和产出方案的技术。一般情况下,在学习该单元之前,要求先学习单元一:2D 和 3 D 视觉语言(2D and 3D Visual Language);单元二:材料、技术和流程(Materials, Techniques and Processes);单元三:视觉传达和意义(Visual Communication and Meaning)以及单元九:作品引用(Contextual References)。这样学习者才具备学科基础和知识背景。

在该单元中,学习者将学习如下知识:

•调查、探索和使用传统数字媒体设备,如电影和数码照相机,电影、视

频和数字摄像机以及编辑设备，电脑以及必要的外围设备

•在交互使用传统设备、新技术项目和硬件时，创造性地应用技术技能

•调查和探索合适的流程以及软件应用，以确保工作产出效果

在这个单元的学习中，学习者往往还需要掌握一些学习技巧、步骤和方法。比如，首先是要学会记录信息。在运用技术和设计技能中，为了能够更好地开发潜能和创造性，做研究、做调查并记录下这些信息是十分必要的。无论这些信息是一手资源还是二手资源，都有助于学习者获得好的灵感和思想。其次是综合使用技术工艺，开发多媒体思维。设计师往往需要交叉使用、广泛运用传统工艺和数字媒体，产生创造性的解决方案。因此，学习者要开发自身在技术、工艺和软件方面的潜能，以便能够更好地让自己的创意变成现实。这就需要熟练掌握软件运用、透镜设备运用，并且能够选择自己熟悉的技术媒体、必要的材料和软件，收集和处理项目解决方案的图像。另外是能够分析、提炼和展示自己的作品。设计师针对自己的作品往往要不断地分析整个设计、生产和结局阶段，这使得他们能够改进自己的工作，提高其技术技能和成果的质量。这就要求学习者在设计自己的作品时，也能够对自己的作品做出分析和评价。诸如在设计阶段是如何有效表达自己的想法的，媒体、材料和技术在创造成果时的效果如何等。另外是评估成果的创造潜力和效果，这是对作品设计、生产等全过程的评价，也是自身工作水平提升的重要依据。

3.考评依据

考生有必要提供一些作品，作为其学习效果的评估依据，这些作品要能够证明考生通过自己的想法和经验，交互运用科技媒体而开发出最终成果。考生将围绕已选择的课程，通过作品展示自己对设备、软硬件的熟悉程度以及实现目标的能力。考评依据的广度来自教研讨论会或一套由学生发起的研究活动，而考评深度则来自考生的综合性作品。

这些作品可能包括：适当的观察、经验和研究记录；通过使用互动媒体软件、静止或运动图像形成的探索性作品和图像制作技术以及最终结果。

同时，考生作品必须包括以下证据：信息开发意向的记录；结合技术媒体处理形成的多媒体创意发展；能够体现在实现意图时个人的、连贯的和明智反应的分析、提炼及展示；成果创造潜力和有效性的评价。

4.证书等级

应用艺术设计副A水平单、双重证书，A水平单、双重证书和A水平副A水平证书共五种普通教育证书，其定级符合资格与学分框架体系中外部资格证书定级的要求，其等级情况如下：副A水平单证书分为A～E 5个等级，其中A为最高等级；副A双重证书分为AA～EE 9个等级，其中AA为最高等级；A水平单证书分为A*～E 6个等级，其中A*为最高等级；A水平副A水平证书分为A*A～EE 10个等级，其中A*A为最高等级；A水平双重证书分为A*A*～EE 11个等级，其中A*A*为最高等级。

第六章　英国“普职融合”资格证书框架体系的特征与效果、问题与不足

21世纪，英国“普职融合”资格证书框架体系的实施，不仅推动了不列颠内部各国的教育与培训改革，而且为欧盟乃至全世界的资格证书制度及体系建设提供了十分重要的思路和模板。在其实施过程中，表现出十分鲜明的个性特征，包括普职融合的理念实践、成果导向的考评模式以及终身记录的学习成果等。英国资格证书框架体系的实施，使其本国的颁证机构、证书类型、证书数量取得了长足进步，从而推动了英国的教育发展和社会发展。同时，全球有近100个国家和地区学习借鉴、推广应用资格证书框架体系，他们丰富和发展了资格证书框架体系的内容与形式。英国“普职融合”资格证书框架体系改革以及世界多国探寻推广的成功模式，为我国大力推进资格证书制度改革提供了十分宝贵的经验。当然，我们也必须清晰地看到，英国的资格证书框架体系依然存在一些问题，比如管理的问题、教育的问题以及等值互换的问题，理清这些问题与不足，方能更加客观公正地认识和评价英国的资格证书框架体系。

一、资格证书框架体系的主要特征

21世纪，随着经济技术的发展、劳动力市场结构的变化以及终身教育、全纳教育的深入推进，英国外部资格证书也积极应对变化、致力于改革创

新。为了促进普通教育资格证书与职业教育资格证书具有同样的社会地位、拥有同等的社会价值,英国政府建立起全国统一的国家资格证书框架体系,从形式上为外部资格证书的普职融合提供了基础。当然,在实施过程中国家资格证书框架体系也暴露出不少问题,为了解决这些问题,英国政府又推出基于国家资格证书框架体系总体设计理念的资格与学分框架体系,这让普职融合变得更直观、更透明、更有可操作性。正如前文所言,无论是国家资格证书框架体系还是资格与学分框架体系,它们都只是实现了外部资格证书普职融合的形式而已,真正要实现"普职融合"这一目标,其核心还在于外部资格证书自身设计理念的更新、考评模式的变化以及成果记载手段的变革等。纵观英国21世纪资格证书框架体系的改革发展,本文认为其主要有以下3个方面的鲜明特征。

(一)特征之一:普职融合的理念实践

英国历来具有推崇精英教育、学术型教育的传统,要想在这样的国度里实现职业教育资格证书和普通教育资格证书拥有同等的社会地位,确实并非易事,也不能一蹴而就。但是英国经济日趋疲软的现状,迫切需要进行全方位的改革,特别是教育领域的改革,要给予职业资格证书同等的地位和更大的空间,以重振英国工业经济。促进外部资格证书普职融合,不仅是英国经济发展所需,也是终身教育和教育公平的使命,就是要让每一个争取进步的人都拥有均等的机会、都得到对等的认可。为此,在这种复杂而艰巨的历史背景下,英国外部资格证书的改革首先从顶层设计上就树立了普职融合的理念,同时还把这种理念贯彻落实到证书设计、证书考评、证书使用等各个环节。从而在管理机构、教学培训单位、考试中心、学生及雇主之间乃至全社会,普遍形成认知、认可和执行普职融合理念的良好局面。

实现普职等值是推进普职融合的核心。为了实现普职等值,国家资格证书框架体系首先做出尝试,即把所有的外部资格证书根据难易程度分成若干级别,并纳入同一比较平台,同一级别普通教育资格证书的价值和职业教育资格证书的价值对等。虽然国家资格证书框架体系下外部资格证书的普职等值还相对比较粗略,但资格与学分框架体系则让外部资格证书的普职等值变得更加细致、具体和可操作。资格与学分框架体系引入了学习单元和学分这两个关键的元素。学分数就是明确的学习量,即完成证书所需的时间,因而是比较不同资格证书的可靠标准;学习单元就是学习内容,而且是最小的学习模块,每个资格证书都是由特定领域的学习单元所组成,学习单元的难易程度决定了学习时间,即学分数。因此,无论是普通教育资格证书还是职业教育资格证书,只要其获得的学分是相同的,就代表着学习的时间是相同的,其难易程度在形式上是相当的,其价值也是可以对等的。

外部资格证书普职融合的另一重要实现形式就是学分转换和考生转换。资格与学分框架体系下的外部资格证书,无论学习者在什么地区、什么考试机构以及什么时候获得学分,只要是相同的学习内容,这些学分不仅可以在获得不同的资格证书之间,还可以在不同的考试中心之间进行转移。同时,有些颁证机构还实现了考生在同一颁证机构的不同分支机构间,甚至在不同的颁证机构间进行转换,为考生继续学习提供了极大便利。学分以及考生的灵活转换,不仅避免了学习者重复学习的可能,而且拓展了学习者的灵活学习场所,提升了学习者进一步学习的热情,极大地推动了继续教育、终身教育和全纳教育的发展。

(二)特征之二:成果导向的考评模式

按照欧盟的界定,“学习成果”是指“经过某个学习过程之后,学习者所掌握、理解的东西和能够做的事情的一种表征,由知识、技能和能力 3 部分构成”。它体现了用实际结果或产出导向来衡量学习效果的理念,它不强调学习的方式、途径,只以学习者经过学习过程后所理解、掌握和能够达到的实际能力为标准来衡量学习效果的取向。外部资格证书的考评就引入了这种成果导向的理念,体现在考评的设计、路径、模式和方法等各个环节,重在对学习者知识、技能和能力掌握情况的考核,不注重学习者的学习过程。

从考评的设计上看,外部资格证书考评往往分成内部考核和统一考试,内部考核的所有任务都是以考生的作业作品为蓝本的,统一考试也是对考生学习效果的综合测试。无论是内部考核或者是统一考试,都不关注学习者的学习历程,而是以学习成果、成效为标准,判定学生对知识和技能的掌握程度。从考评的路径模式上看,除了传统的考评方式外,外部资格证书还引入了电子考评(E-assessment)方法,利用计算机或计算机软件来评估考生的作品,这些新手段、新方式可以让考生的所有学习成果,包括文本、声音和视频等,都能够得到更加合理高效的评判。目前世界上多数国家,如澳大利亚以及所有欧盟国家在外部资格证书及其体系的开发设计中,对资格证书的等级与类型标准描述均采用了成果导向法,以学习成果作为资格证书等级的参照标准。

成果导向的考评模式还推动了学习手段和学习方式等方面的变革。为了满足考生个性化需求和灵活学习的需要,英国政府以及一些培训机构推出了混合学习 (Blended Learning)课程、在线学习(E-learning)课程等,搭建形式多样的在线教学资源平台。在成果导向的考评模式下,考生可以选择白天或夜间学习,也可以选择集中或分散学习;可以选择在课堂或工厂学习,也可以选择线上或线下学习;可以选择一种证书或一个单元学习,也可以选择多种证书或多个单元学习。总之,学习的时间、形式和内容都变得更加灵活。这种成果导向理论下的考评模式推动的学教变革,正是当今社会教育公平和终身教育所追求和推崇的。因为,灵活的学习方式为所有期待继续学习的人提供了平等的受教育机会,同样认可普职资格证书的价值体现了“英雄不论出生”的社会公平。

(三)特征之三:终身记录的学习成果

外部资格证书另外一个鲜明的特征,就是使用了现代化的在线学习成就记录仪(Personal Learning Record,PLR)和与之配套的唯一学习者编码(Unique Learner Number,ULN),能够终身保存学习者的所有学习痕迹。自2007年8月以来,英国14岁及以上年龄的所有学习者都会得到一个属于自己的“唯一学习者编码”,唯一学习者编码是一个10位数号码,每个学习者的号码都是唯一的并伴随终身,相当于学习者的学习身份代码,也被称为学习成就记录仪的钥匙。2010年9月,资格与学分框架体系正式启动学习成就记录仪,它是一个长期的、权威的在线信息平台,记录着学习者14岁以后的学习经历、学习内容以及获得的学分、外部资格证书等情况,把学习成就记录仪推广运用于所有资格证书是英国政府的工作目标。为什么界定为14岁?因为在英国14岁以前都是义务教育阶段,所有适龄学生都必须完成规定的义务教育及其相关课程,但自14岁以后,学生就可以陆续选择中学结业考试,即普通中等教育证书考试,因此普通中等教育证书成绩往往是学习成就记录的开端。

对14岁及以上年纪的学习者而言,“唯一学习者编码”通常是一个强制要求拥有的号码,一般情况下需要学习者自己掌握,不能随意透露给他人。但是,为了便于有效管理信息和履行法定义务,技能投资委员会的首席执行官不仅为每个学习者创造了这些编码,而且拥有掌握这些编码信息的权力。除个别敏感信息外,首席执行官一般不需得到学习者个人的同意,就可自行处理学习者的信息,但必须得到信息委员会办公室的监督和认可。因为学习编码是记录仪的钥匙,编码的唯一性和保密性决定了只有学习者注册的颁证机构或授权的管理机构,才有权访问记录仪并处理相关信息。一般情况下,成就记录仪只记录学习者的单元、学分及资格证书等学习经历,不涉及诸如民族起源、身体或精神健康、宗教信仰、犯罪记录等敏感信息,如果学习者发现出现了这些信息,可以投诉并要求删除。成就记录仪的使用,为学习者、教育供给机构以及用人单位都带来了极大的便利。学习者可以随时查阅自己的学习情况,比如了解获得的学分以及学习的单元情况,为了获取某种资格证书需选择哪些单元,如何组合学分,等等。学习者可以根据学习进度以及需求情况,科学规划学习时间,制订出个性化的学习方案。同时,学习者还可以通过授权设置,让教育供给机构、颁证机构以及用人单位查看自己的学习成效,学习者不必提供各种纸质证明,而雇主或其他机构则可以可靠地、低成本地获知学习者的学习结果。

成就记录仪可以为学习者保留长达66年的信息记载,不仅是学习者的个人成长史,也是国家的教育档案馆,为英国政府倡导终身教育和构建学习型社会提供了平台和保障。

二、资格证书框架体系的实施效果

21世纪,为了不断优化完善外部资格证书制度,英国政府先后构建了国家资格证书框架体系和资格与学分框架体系,让外部资格证书的普职融合变得便捷可行,推动了英国的证书发展、教育发展和社会发展。一是资格证书框架体系的实施,让外部资格证书的比较变得更加透明,尤其是不同类型、不同等级证书的关系更加明确。比如,在资格与学分框架体系下的外部资格证书"数学3级GCE副A水平证书",从名称就可以看出它的类型、等级及层次,也能够准确地判断它在体系中的位置。二是资格证书框架体系的实施,让学校教育、职业教育(包括岗位培训)以及高等教育等各级各类教育实现了互联互通。在资格证书框架体系中使用等级的描述,以及在证书中以单元和学分为基础等,为各种教育的资格证书架起了关联的桥梁。三是资格证书框架体系的实施,有效促进了不列颠内部的人才流动。由于全面统一了证书的类型、标准、等级,扫除了互不相认、互不等值的障碍,所有的外部资格证书在不列颠都可以通用,有效促进了英格兰、威尔士和北爱尔兰之间的人才流动,也拉动了英国的经济增长。

英国"普职融合"资格证书框架体系的实施,不仅促进了本国颁证机构及其资格证书的发展,而且也推动了全球多个国家和地区资格证书框架体系的发展,并且出现了一些新的现象,形成了新的经验。

(一)促进了本国颁证机构及资格证书的发展

1.促进了颁证机构的发展

在英国,所有想获得外部资格证书颁证资格的机构都必须得到国家资格证书与考试中心的认证许可,特别是自 2011 年 7 月以来,资格证书与考试中心更加严格地规范了颁证要求,出台了新的认证许可标准,新授权的颁证机构不仅要满足当前条件,而且要能够持续满足官方的标准变化。在过去的 11 年间,颁证机构实现了从规模发展向集约发展转型,变得更加专业、规范和强大。如图 7 所示,在 2004 到 2010 年的短短 6 年时间里,颁证机构数量从 100 余家猛增到 180 余家。然而 2010 年开始了新一轮洗牌,因重组、合并以及停业等原因,颁证机构数量开始逐年减少,到 2015 年时只有 163 家。

在集约化发展的过程中,部分机构的规模迅速壮大,出现了少数机构囊括大部分证书的新趋势。在过去的 5 年时间里,无论是每 1 年还是 5 年的总和,数据显示,20 个机构的颁证数量都占据了所有证书的 90%。特别是当前英国合并重组后的五大颁证机构——培生教育集团(Pearson)、资格评估与认证联合会(AQA)、牛津剑桥和皇家艺术联合会考试局(OCR)、伦敦城市行业协会(City & Guilds)、威尔士联合考试局(WJEC),几乎每年都占据了颁证总数的 75%。虽然合并重组是当前的一大趋势,然而一些小众和特别专业的颁证机构依然保持着旺盛的生命力,比如,在其他机构颁证数量呈下降趋势的环境下,急救培训行业证书的颁证机构“Qualsafe Awards”,在 2014—2015 学年间比上一个学年的颁证数还增加了 19%。[①]

---

① Ofqual .Annual Qualifications Market Report-England, Wales and Northern Ireland2014/15 Academic Year [R].London:Ofqual,2016:6-7.

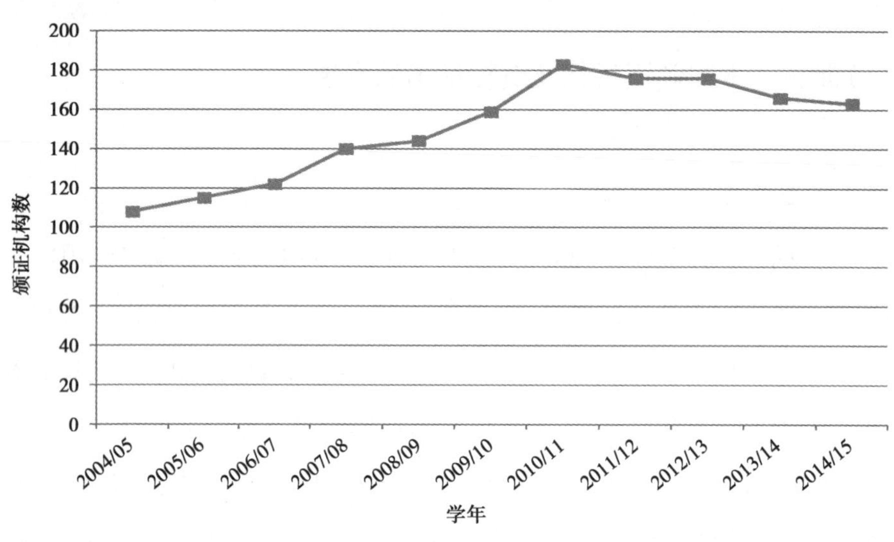

图 7　外部资格证书颁证机构的数量变化

2.促进了证书类型的发展

英国经过多年的努力,高等教育已进入了大众化阶段,全民受教育程度普遍偏高。这些接受过高等教育的人群,要么在高等教育阶段就必须获得相关的高级资格证书,要么在追求高等教育的过程中就获得了高级别的资格证书。因此,近年来,英国外部资格证书出现了两种趋势:一是资格与学分框架体系证书类型越来越多,因为资格与学分框架体系证书更容易实现普职融通,可以很好地实现转换;二是高层次教育的外部资格证书类型越来越多,因为英国已摆脱了类似“扫盲”的低水平教育发展阶段。当然,外部资格证书类型的变化,除了上述原因之外,还有终身教育、全纳教育的使命要求,以及信息革命对复合型、创新型高素质劳动者的时代要求。

如表 27 所示,2014—2015 学年,普通教育副 A 水平证书和普通教育 A 水平证书出现大幅增长,分别达到了 22%和 20%,主要是普通教育证书推行改革,既提高了证书的学术性水平,也强调技术技能的培养,深受学生青睐。普通教育证书是升学和就业的双重准备,学生拥有了更多的选择机会,可以进入高等院校继续学习,也可以凭证直接实现就业。2014—2015 学年的另一个增长点就是资格与学分框架体系证书,达到了 7%,资格与学分框架体系证书较为容易地实现普职融通,能够清楚地显示各种证书的水平层次,也便于更加灵活地学习取证,所以同样受到学习者的追捧。另外,数据显示,入门级资格证书、单纯的职业资格证书(岗位资格证书)、基础技能证书等出现明显减少趋势,因为这些证书要么被停止颁发,要么被更高层次的证书所取代。

表 27 外部资格证书的类型变化情况

证书类型	2013—2014 学年/个	2014—2015 学年/个	变动百分率/%
普通教育副 A 水平证书	277	388	22
普通教育 A 水平证书	282	339	20
资格与学分框架体系证书	19 474	20 771	7
项目证书	17	18	6
非英语母语的人使用英语	198	202	2
一般的延期授予	1	1	0
自成体系的数学资格证书	14	14	0
中等教育通用证书	555	544	-2
多用途技能	240	215	-10
其他通用资格证书	817	703	-14
入门级证书	280	217	-23
关键技巧	192	125	-35
相关职业资格证书	1 129	680	-40

3.促进了证书数量的发展

2010—2015 年,外部资格证书的数量变化是先逐年增长后又急剧减少,从 2010—2011 学年的 1 630 万,增加到 2012—2013 学年的近 1 800 万,再减少到 2014—2015 学年的 1 590 万(图 8),2014—2015 学年甚至比 2010—2011 学年的证书数量还减少了 2%。这些数字变化的背后都有一定的原因,其中一个重要原因就是普通中等教育证书数量的急剧减少。由于英国政府对普通中等教育证书进行改革,加强了考试的要求和难度,并不是所有学生在规定的时间内都能够获得该证书。因此,普通中等教育证书数量从2010—2011学年的602万减少到2014—2015学年的544万,减幅几乎近10%。数据显示,普通中等教育、A水平以及副A水平以外的证书数量下降不到3%,主要原因是国家投入的变化以及考评标准的变化。而A水平以及副A水平证书数量则相对比较稳定,正如前文所述,由于A水平以及副A水平证书可以为学生开启“升学”和“就业”的双通道,受到越来越多学生的青睐和追捧。

另外,2014—2015学年的统计数据显示,在颁布的各种证书中,数学和科学两个学科的外部资格证书占据了普通中等教育、A水平以及副A水平证书的37%,比其他任何学科领域的证书数量都多,这表明了英国政府对基础学科领域教育的高度重视,同时也体现了英国国民的理性选择。而在普通中等教育、A水平以及副A水平以外的证书中,为生活和工作准备的技术技能型资格证书数量占据了30%,充分体现了英国政府对职业教育的重视以及英国国民务实的精神态度。

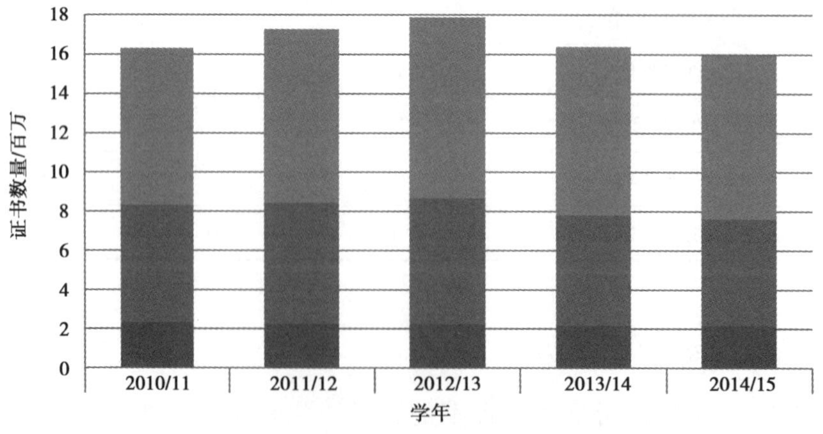

图8　外部资格证书数量的变化情况

（二）推动了世界多国资格证书框架体系的发展

1.资格证书框架体系在全球的推广状况

英国率先建立国家资格证书框架体系，其先进的设计理念、框架内容和标准体系等，为世界各国和区域开发资格证书框架体系提供了十分宝贵的经验和成功的范本，也得到了全球的广泛认可。

所有已经建立或者正考虑引入国家资格证书框架体系的国家都相信，国家资格证书框架体系不仅能够推动资格证书满足经济和社会发展需要，而且对于学习者来说，这是一个高质量、灵活、可发展和国际认可的体系，也能够得到学习者的青睐和认可。统计数据显示，2001 年以来世界经合组织推动了全球 25 个国家，以改革资格证书框架体系为抓手，全面落实终身教育和终身学习。另外，加勒比海地区、欧盟地区、太平洋诸岛、南部非洲发展共同体作为区域合作共同体或者利益共同体，也积极推动建立区域统一的资格证书框架体系，最具代表性的是欧盟资格证书框架体系。到 2005 年，世界上有将近 100 个国家和地区，引入并不断改进优化国家资格证书框架体系（表 28），为这些国家和地区落实终身学习、终身教育做出了积极贡献，也促进了经济社会发展。

表 28　全球国家资格证书框架体系应用推广情况统计表（部分）①

第一代 （20 世纪 80—90 年代启动国家资格证书框架体系开发工作）	第二代 （20 世纪 90 年代末—21 世纪初启动国家资格证书框架体系开发工作）	第三代 （考虑启动国家资格证书框架体系开发工作）
英国（不含苏格兰）、澳大利亚、南非、苏格兰、新西兰	爱尔兰、马来西亚、马尔代夫、毛里求斯、墨西哥、纳米比亚、新加坡、特立尼达和多巴哥	中国、阿尔巴利亚、波斯利亚和黑塞哥维纳、博茨瓦纳、巴西、智利、哥伦比亚、刚果民主共和国、牙买加、莱索托、马其顿、马拉维、莫桑比克、罗马比亚

① Ron Tuck.An Introductory Guide to National Qualifications Frameworks[M]. Geneva:International Labour Office,2007:1.

2.资格证书框架体系在全球的发展情况

一个国家采用国家资格证书框架体系的原因可能多种多样。有些国家也许想通过国家资格证书框架体系改善其劳动力市场上资格证书与实际技能不一致的状况，一些国家可能希望提高现有资格证书、培训项目的质量和可信度（牙买加、特立尼达和多巴哥、加纳、南非），其他国家可能更关心的是像英国一样对现有支离破碎资格证书框架体系的改造，抑或通过建立国家资格证书框架体系让那些辍学的孩子重新融入正式的教育系统（南非、斯洛文尼亚）等。无论这些原因有多少，他们都有一个共同的目的，就是要通过构建国家资格证书框架体系，促进终身教育、终身学习，增强社会对技能的认可，提高教育和培训的质量。

很多国家或区域在构建本国或本区域资格证书框架体系时，或多或少都学习借鉴了英国经验，当然不是简单的拿来主义，而是结合本国或本区域实际，批判性、创造性地吸收借鉴，丰富和发展了资格证书框架体系。本文以澳大利亚和苏格兰为例，简要介绍资格证书框架体系的发展情况。澳大利亚的资格证书框架体系虽然借鉴了英国国家资格证书框架体系的设计理念和思路，但它的证书内容、证书等级等都有所变化。比如澳大利亚2005年版的框架体系，在普通教育阶段的证书就只包含了高中毕业证书，而英国则包含了初中、高中阶段的所有证书；澳大利亚资格证书框架体系的证书等级共有10级，而英国2004年版国家资格证书框架体系的证书等级则是9级，见表29。

表29　澳大利亚国家资格证书框架体系

水平等级	中等教育部门	职业教育和培训部门	高等教育部门
10级			博士学位（Doctoral Degree）
9级			硕士学位（Masters Degree）

续表

水平等级	中等教育部门	职业教育和培训部门	高等教育部门
8级		职业教育研究生文凭(Vocational Graduate Diploma)	研究生文凭(Graduate Diploma)
7级		职业教育研究生证书(Vocational Graduate Certificate)	研究生证书(Graduate Certificate)
6级		高级专科文凭(Advanced Diploma)	学士学位(Bachelor Degree)
5级		专科文凭(Diploma)	专科文凭(Associate Degree)
4级		4级证书(Certificate Ⅳ)	
3级	高中毕业证书(Senior Secondary Certificate of Education)	3级证书(Certificate Ⅲ)	
2级		2级证书(Certificate Ⅱ)	
1级		1级证书(Certificate Ⅰ)	

我们再看看苏格兰学分和资格框架体系的情况。正如前文所述,苏格兰在英联邦具有十分独立的立法、行政和司法权力,教育也自成体系。在学习借鉴英国资格证书框架体系的成功经验后,苏格兰资格证书管理局(SQA)结合自身教育实际,开发形成了12级学分和资格框架体系(表30),并于2002年正式执行。苏格兰学分与资格框架体系的建立主要有两个目标:一方面是帮助处于所有年龄阶段和不同环境的人,使他们一生都能接受到适合自己的教育和培训,以实现自己的个人价值、社会价值和经济价值;另一方面是帮助雇主、学习者和社会公众,普遍接受和了解苏格兰范围内的全部资格证书,资格证书之间的相互关系,以及不同证书如何有助于提高劳动技能。苏格兰学分与资格框架体系的建立,规范了其外部资格证书的管理,促进了各级各类证书间的比较,推动了普通教育与职业教育的融合发展。

表 30　苏格兰学分与资格框架体系(2002 年版)①

苏格兰学分与资格框架体系等级	苏格兰资格证书管理局国家单元、国家课程和小组奖项	高等教育	苏格兰职业资格证书
12		博士	SVQ5
11		硕士	
10		荣誉学士	
9		普通学士	
8		高等教育国家文凭	SVQ4
7	高等高级资格证书	高等教育国家证书	
6	高级资格证书		SVQ3
5	中级二级 学分标准等级		SVQ2
4	中级一级 学分标准等级		SVQ1
3	初级三级 基础标准等级		
2	初级二级		
1	初级一级		

三、资格证书框架体系的问题与不足

英国"普职融合"资格证书框架体系实施以来,促进了资格证书自身体系的不断完善和发展,实现了终身教育、终身学习和全纳教育的普遍推广,拉动了英国的经济增长,但是,也面临一些问题,概括起来包括管理的问题、教育的问题以及等值的问题。理清英国资格证书框架体系的问题与不足,对我们全面了解其实施情况具有十分重要的作用。

① Department for Education and Skills UK. The Role of National Qualifications Systems in Promoting Lifelong Learning, Background Report for the United Kingdom [R]. London, 2003:15.

(一)资格证书框架体系面临的管理挑战

从宏观层面看,管理的挑战首先缘于资格证书框架体系的实施不是单纯由一个部分负责而是有多重领导。教育部门、劳工部门、工业部门、财政部门以及贸易部门等多个国家部门,都可能参与外部资格证书及其体系的政策标准制定、资金支持以及管理调控,这种跨部门管理、多重领导的模式,可能导致外部资格证书及其体系协调困难、执行不易。从中微观层面看,外部资格证书及其体系的实施,必然要产生一些新的组织机构,包括质量保障机构、标准制定机构以及考评实施机构等,这些新机构工作的开展是一个不断探索和总结的过程,难免会出现职责不清以及不确定的情况。因此,在注册成为颁证机构的过程中以及考生申请资格证书考评的过程中,可能会出现因程序官僚、职责不清导致的效率低下抑或徇私舞弊行为,实际上英国出现过资格证书提供者“暗箱操作(Box ticking)”的个别案例,不仅有悖于社会公平,也造成了一定的不良影响,但推行的大环境和总体趋势是向好向前的。

(二)资格证书框架体系引发的教育思考

教育的目的是什么?英国教育家斯宾塞认为,教育的目的就是“为完满生活做准备”。生活应当是教育价值的核心,教育的目的应当围绕“完满生活”展开。这里所说的“完满生活”不仅仅指物质条件,还包括身心、智慧等精神生活。而外部资格证书以学习成果导向进行考评,无论学习者的学习过程、学习地点以及身心发展如何,只要能够达到考评的要求就可以获得相应的资格证书。这种主要以考试结果衡量学习成败的设计理念和操作模式,一定程度上对教育本身的目的和价值重视不够,对学习者的身心发展和精神世界重视不够,有可能会造成个别学习者、教师甚而部分社会群体的功利主义倾向。

其次,就教育的本质而言,著名哲学家雅斯贝尔斯认为教育的本质意味着:一棵树摇动一棵树,一朵云推动一朵云,一个灵魂唤醒一个灵魂。我们通俗地认为,教育的本质就是互动,然而外部资格证书存在过分强调学习者主体的倾向,对师生、师徒互动重视不够。无论是传统的师生关系,还是师徒关系,师生、师徒除了知识技能的传授外,还有人格、人文和人情的感染交融,这也正是雅斯贝尔斯所描述的教育本质的境界。外部资格证书及其体系,过分地强调学习者自主、自由的学习理念,学习的场地可以不是工厂或教室,只要是能够获取学习内容的地方即可(包括网络);传授的主体可以不是老师或师傅,只要是能够传送学习内容的媒介即可;学习的形式可以不是师生、师徒互动,只要能够最终掌握学习内容即可。这种结果导向的学习方式,可能会因缺乏师生、师徒的人性交流而变得比较生冷,学习也可能由一种群聚、互动的愉快活动变成一个人奋战的"独角戏"。

另外,从教育学角度看,外部资格证书及其体系的问题就是考评、教学和课程的问题。传统的模式主要是围绕课程标准、教学大纲组织教学以及实施考评,是一项知识技能传授的系统性工程,教师、师傅可以掌握学习者各个环节的进展情况、教学中出现的问题与不足,以便及时调整和改变传授知识技能的方法、难易程度;学习者也可以在这个闭合的循环中不断调整心态、方式和学习节奏,更加有效地掌握相关知识技能。然而,外部资格证书的总体设计打破了这种系统性,将知识技能模块化,学习形式虚拟化,考评模式多样化,这种设计使得知识技能传授的各个环节相互独立,彼此缺乏及时沟通。以外部资格证书的考评为例,实践证明,改变传统的出题、打分的考试模式为内部考评和外部考评结合,甚至引入在线考评等现代化手段,虽然增加了公平性并提高了效率,但由于操作进程十分缓慢和缺乏紧密沟通,考评结果的反馈不能有效推动学习方式的及时改进和单元模块内容的设计更新,对教育结果的及时反馈还做得不够好。

(三)资格证书框架体系“等值互换”仍有难度

首先看看等值的问题。为了稳固和提升职业教育的地位,促进产业发展,重振英国经济,21 世纪的英国政府,大力推进资格证书制度特别是建立资格证书框架体系,力图实现普通教育与职业教育的等值互换。在这一设计理念的指导下,学习者无论是选择学术教育轨道还是职业教育轨道,只要达到相同的等级层次,就能实现其资格证书的价值对等。实践证明,外部资格证书及其体系的实施,大大提升了职业教育的地位和吸引力,也增强了社会对职业教育的认可。然而,我们也发现真正实现普职等值的道路依然存在困难。普通教育和职业教育是两种不同的教育类型,其培养目标、培养内容、培养方式以及考评模式都存在差异,要用同一套标准、同一个体系去界定、去比较是十分困难的。以数学的资格证书和电工的资格证书为例,数学强调的是逻辑思维,主要是脑力劳动,甚至不需要肢体就可以实现学习;而电工强调的是技术技能,主要是体力劳动,如果没有肢体的参与是无法实现的。这两类资格证书在同一级别是否能够等值,以及如何实现等值,在理论与实践中都困难重重,需要有重大的观念突破和实践创新。同时,英国是一个“传统守旧”的国家,十分崇尚“精英教育”,要打破传统观念实现普职等值的道路十分曲折艰难。当然,打破普职分隔是世界教育发展的趋势,也是世界教育需要共同探寻突破的重大课题。

其次是互换的问题。英国政府在确保不同资格证书之间等值的基础上,力求实现个体在普通教育和职业教育轨道上的自由切换,以及普职之间的融通。比如,在资格与学分框架体系中,不仅可以实现学分在不同资格证书、不同培训机构间的自由转换,还可以实现考生在不同国家、不同机构间的有效转换,满足了学习者灵活机动的个性化学习需求。然而,这种普职资格证书之间的互换也常常遭遇尴尬。例如:一位木匠获得了 4 级职业资格证书,若他要学习学术性知识,他会发现他学术性知识教师的资格证书仅仅是 3 级,3 级资格证书的教师如何帮助学生取得更高级别的资格证书呢?

因此，职业教育与普通教育轨道间的自由切换是有障碍的。另外，对相同类型的外部资格证书而言，其互换也是存在困难的。比如，电工和护士之间即使具有相同的证书级别，但电工要转换成护士不从头学习是不可能的。总而言之，每一种教育、每一种职业都有其独特的类型，要在它们之间架起大概相当的桥梁是可行的，但要真正实现等值甚至互换是有一定困难的。

第七章　英国“普职融合”资格证书框架体系对我国构建国家职业资格证书框架体系的启示

21 世纪,为了推动资格证书框架体系的普职融合发展,英国政府先后推出了“普职融合”的国家资格证书框架体系和资格与学分框架体系。英国外部资格证书制度的改革以及其体系的不断完善,不仅搭建了普通教育证书与职业资格证书等值互换的平台,而且也架起了普通教育与职业教育沟通切换的桥梁,为全世界各国构建国家资格证书框架体系提供了一个样本,也为落实终身教育提供了新的思路和方法。

我国虽然推行普通教育与职业教育资格证书制度已有很长时间,但我们的资格证书制度,尤其是国家职业资格证书还很混乱,存在较多的问题与不足。比如,国家相关立法体系尚未完全形成,特别是各种配套法规或规则尚未到位;没有形成全国统一的管理机构,“证出多门”的现象还很突出;学习者在普通教育与职业教育之间的有效转换还十分困难,普通教育证书与职业资格证书的等值互换道路还很漫长。此外,政府、社会、用人单位对职业教育的认可不够,各种证书的质量保障体系尚不健全等问题与现象都亟待解决。英国的外部资格证书制度,尤其是 21 世纪推出的国际通行的资格证书框架体系,对我国具有十分重要的参考和借鉴意义。当然,由于我国的职业教育起步较晚,职业资格证书制度也还很不成熟,在这种情况下,要急于推进建立全国统一的、普职融合的国家资格证书框架体系也很不现实,会出现“一条腿短、一条腿长”的现象。为此,我们只能学习借鉴英国资格证书"普职融合"的思想与实践,从构建全国统一的国家职业资格证书框架体系入手,逐步推进我国的资格证书普职融合发展,从而更好地落实终身教育和全纳教育要求。

一、在国家职业资格证书框架体系中要引入"普职融合"的理念

(一)借鉴"普职融合"的价值理念

英国资格证书框架体系的"普职融合"理念,其核心就是要实现普职资格证书的等值互换,普通教育与职业教育间的自由切换;其目的就是要实现社会对学术型教育与职业教育、培训的同样认可,最终实现教育公平、全纳教育和终身教育。从英国国家资格证书框架体系和资格与学分框架体系实践来看,所有的外部资格证书甚至高等教育序列证书都被纳入这些框架中,每一种证书都在框架体系中有自己的坐标位置,与其他资格证书形成了明确的价值比对关系,可以按照一定规则进行转换或升级;获得证书的学习者也可以在这些框架体系中,按照有关制度实现在不同证书间、不同教育轨道上的有效转换。在英国,选择国家资格证书框架体系和资格与学分框架体系的考生数量一直在攀升,特别是义务教育阶段以及第一学历毕业后,很多学习者通过选择资格与学分框架体系满足个性化学习需求,为自身兴趣追逐、就业与再就业提供了终身学习的路径与方法。为此,我们在建构国家职业资格证书框架体系之初,就要充分借鉴英国资格证书框架体系"普职融合"的价值理念,从顶层设计和理念指导上与世界先进思想、国际最高水平接轨。

(二)促进普职教育的相互渗透

教育的目的就是"为完满生活做准备"。无论哪一类型的教育都要培养学生的生活技能和职业技能,因为人是社会人,离不开工作、生活。我国

与英国一样,有着重学术教育的传统,职业教育在很长一段时间得不到足够的重视和认可,甚至到今天这种现象都还未得到彻底改观。因此,我们的教育受到诟病,诸如学生高分低能、缺乏生活本领、找不到工作等。为此,在我国的教育中要引入英国乃至全世界普遍推崇的“普职融合”理念,首先是要在普通教育中渗透职业教育的内容,特别是要将职业教育前移,在义务教育阶段适当增设职业技能课程。比如,除了学生的劳动课、急救课、逃生课等生存技能课外,学校还可开设一些电器维修、装潢设计、乐器训练等职业技能选修课。这样既可以增加学生的职业体验感和热情度,也可以为学生下一步学习分流(职业型与学术型)做准备。其次是要在职业教育中增加学术知识的深度。随着现代产业的升级发展和信息技术的广泛应用,社会对劳动者的技能复杂程度、智能化程度以及解决问题的能力要求越来越高,简单的技能培养已不能适应发展所需。普职教育的相互渗透,不仅可以为构建国家职业资格证书框架体系奠定基础,而且也为未来构建全国统一的、普职融合的国家资格证书框架体系埋下伏笔。

(三)强化职业教育的产教融合

在我国,职业教育的主体还是学校职业教育,构建全国统一的国家职业资格证书框架体系,首先要抓住学校职业教育这个主体,才能产生大量高质量的职业资格证书。然而,当前我国的职业教育与经济社会发展还不完全适应,服务产业发展的能力还比较欠缺,校企合作普遍存在“表层合作”“碎片合作”“局域合作”等低效循环现象。为此,必须寻求产教融合、校企合作的新思路、新模式,才能破解职业教育发展的难题。我们必须认识到企业与企业的竞争,不再只是某个环节的竞争,而是整个价值链的竞争,整个价值链的综合竞争力决定企业的竞争力。因此,本文认为,基于“全价值链理念”的职教与产业合作就是这种新趋势,实现这种合作的最好形式就是建立“1+1+N”校企战略联盟。一个“1”指职业院校(院校联盟),一个“1”指重点龙头企业,两个“1”代表双主体,而“N”指重点龙头企业的上下游相关企业。重点龙头企业要带动其上下游企业，把产业发展的新标准、新要求及时融入课程标准、课程内容的设计和实施中，增强人才培养的针对性；职业院校则要主动适应产业变化和企业需求，调整优化人才培养模式，真正实现专业设置与产业需求、课程内容与职业标准、教学过程与生产过程对接。

二、在国家职业资格证书框架体系中要实施全国统一管理

（一）建立全国统一的管理架构

英国“普职融合”的外部资格证书制度，形成了全国统一的英联邦、各邦国以及颁证机构三级管理框架，从组织架构上和管理体制上理顺了资格证书的管理体系，也就避免了“证出多门”“管理无序”的现象。当前，我国职业资格证书制度还没有形成全国统一的管理机构，“证出多门”的现象还很突出。比如，颁发国家职业资格证书的有国家人社部门、教育部门、住建部门、民政部门等国家部委办局，还有各种行业协会以及地方政府。以计算机证书为例，“全国职称计算机考试”是由人社部牵头、“全国计算机等级考试”是教育部负责，还有各种计算机公司和行业协会组织的专业考试，这些证书考试的内容、目的及对象不一样，也没有任何联系，让人混乱不清。为此，我们可以借鉴英国政府多个部门联合成立英国资格证书与课程管理局和英国资格证书与考试中心的经验，国家职业资格证书相关的部委办局联合成立一个管理机构，这个机构就是国家管理职业资格证书与其相关制度的最高机构。各地方根据国家经验建立各自的管理机构，主要负责国家职业资格证书制度的执行以及地方颁证机构的管理等。同时，所有的证书颁发和培训机构都必须进行资格申请，才能获得国家职业资格证书培训、颁发等业务资格。由此，建立国家、地方和机构的三级管理架构，形成国家职业资格证书管理的统一局面。

(二)形成全国统一的制度标准

通过《1997年教育法》等法案,英国政府不仅以立法的形式确立了资格证书与课程管理局和资格证书与考试中心的法律地位,还规定了其管理职责;各邦国也建立自己的法律体系和规章制度体系以加强对外部资格证书的管理,取得了实实在在的效果。为此,我国可以借鉴英国的这些做法,通过立法的形式确定国家职业资格证书统一管理的国家权威机构,明确其在职业资格证书开发、管理和监督等方面的职责;明确地方各级管理机构的法律地位,以及规定其在职业资格证书、颁证机构管理和服务等方面的职责;确立国家职业资格证书颁证机构的法律地位,规定其在职业资格证书颁发及组织考试等方面的职责。在外部资格证书的管理中,英国政府还推出了相关的配套制度,比如发布《英格兰、威尔士、北爱尔兰外部资格证书管理规定》《资格与学分体系管理规定》,形成了外部资格证书名称、设计、内容、考评、定级等国家统一的标准,同时还推出了针对不同资格证书的课程、单元、考评等对应的国家标准。为此,我国除立法外还要建立相关的配套制度,只有形成了完备的国家制度标准体系,才能建立统一的国家职业资格证书框架体系。

三、在国家职业资格证书框架体系中要推广“学分单元”的应用

(一)以单元为基础推动资格证书模块化

英国外部资格证书能够实现普职融合的关键,在于其将学习内容模块化即细化为若干学习单元(Unit),学习单元是最小的学习单位,也是考评的基础单位。外部资格证书有了学习单元为基础,就有了各种资格证书的比较基础,才能够实现各种证书间的价值比对。为此,我国职业资格证书可以

借鉴英国资格证书模块化的理念,将国家职业资格证书按照内容特点、关联情况以及难易程度细化为若干个模块,这些模块就构成了职业资格证书的最小学习单位,同时建立起职业资格证书模块(学习单元)间的组合原则。以学习单元为基础的职业资格证书,便于学习者一小步一小步地学习,并且可以根据兴趣爱好选择学习单元并组合成不同的职业资格证书。从英国的经验看,全国同一个专业的资格证书采用同一个教学大纲、同一种评价标准、同一套考评结果。为此,国家权威机构要组织政府部门、教育界、行业协会的专家,按照统一的国家标准编写课程大纲,开发新的课程体系特别是单元模块,建立国家职业资格证书的学习单元数据库。学习者可以在单元数据库中,按照一定的组合原则,选择自己的学习单元,并最终申请考评认证。为了实现学历教育与职业资格的融合,避免重复性的学习,可以借鉴英国经验制定相关的豁免政策,比如职业学历教育的某些课程可以抵充同类资格证书哪些学习单元,或者某个专业不同层次的学历证书直接可以转化成哪种等级的职业资格证书等。

(二)以学分为基础实现学习成效计量化

英国外部资格证书实现普职融合最重要的媒介就是"学分"(Credit)工具,单元和学分构成英国外部资格证书"普职融合"的两大法宝,通过学分媒介实现了不同资格证书间的比较、转换和升级。我国职业资格证书要实现各种证书间的价值比对,以及证书间的转换升级,就要将学习成效计量化,引入学分的理念。将一定量的国家学习时间规定为1个学分,比如5小时、10小时、20小时国家学习时间设定为1个学分。根据每个单元学习的难易程度,给每个职业资格资格证书的学习单元设定一个国家学习时间,这个学习时间就是该单元的学分。当考生该单元考评合格后,就可以得到该单元的学分(不分等级,只是通过与不通过),这个学分可以用于比较、转换和累积。有了学分作为基础,不同职业资格证书间的价值分量从其学分量就可以直接比对;有了学分作为基础,学习者就可以建立自己的学分银行,把这些学分累积起来用于以后资格证书的获取。虽然我国现在很多学校推行了学分制改革,但课程的学分设置没有以国家学习时间作为共同基础,而是根据难易程度简单地赋予其对应的学分值,缺乏科学性和准确性。为此,在国家职业资格证书框架中引入学分的理论与实践,不仅可以实现资格证书间的价值比对,而且有利于学习者个性化的灵活学习。学分理念的引入,符合国家教育纲要提出的“建立继续教育学分积累与转换制度,实现不同类型学习成果的互认和衔接”要求,是我国落实“构建灵活开放的终身教育体系”的基石。

四、在国家职业资格证书框架体系中要推动学习考评方式变革

(一)推动学习方式向多元学习转变

21 世纪英国资格证书框架体系改革的目的,就是要为学习者个性化的学习需求提供更加便捷的路径。为此,英国政府将外部资格证书模块化即细化为若干学习单元,建立了资源庞大的单元数据库,同时开发在线学习(E-learning)平台和学习资源,学习者可以根据自己的兴趣、需要和时间安排,选择这些单元学习并可以通过在线学习和考评的方式,完成资格证书的学习认证。我国要建立国家职业资格证书框架体系,可以借鉴英国模式变革学习方式,为学习者自主学习提供更加便捷的途径和通道。比如,变单一的面对面课堂学习为混合学习(Blended Learning),即课堂学习与远程学习的整合,充分发挥现代信息技术的作用,融合课堂教学与网络教学的优势。再如开发线上学习和线下学习相结合的学教模式改革,随着“互联网+”时代、云时代的到来,线上学习已经成为一种不可替代的趋势,因为它能解决学生个性化差异化学习需求。然而线上学习又永远不可能全部替代线下学习,因为线下学习有其面对面交流、互动、思考的独特优势。又如整合集中学习与分散学习相结合的形式与资源,英国外部资格证书中有国家引导学

习时间,这往往指课程的集中学习时间,同时学习者外还可以自行分散学习,尤其是职业资格证书,学习者可以选择工厂、车间等技能相关场所强化自己的不足与需要。

(二)推动记录方式向终身记录转变

英国“普职融合”资格证书框架体系的另一大亮点,就是实现了学习者学习成效的终身记录。每一个 14 岁以上的学习者都能获得唯一学习编码,并通过这个编码与自己的学习成就记录相连。学习成效记录相当于学习者的数字档案馆,学习者的相关信息、学习单元、学分及证书获得情况都终身记录其中。然而,当前我国各类职业资格证书的主管单位(国家部委办局及行业协会),只建立了工作和信息发布网站,公布考试信息以及单次考试的成绩查询,没有诸如“学信网”一样的职业资格证书信息网,还未能建立起完善的学习者信息查询及保存系统,更谈不上建立起学习者所有资格证书全国统一的信息查询与记录系统。为此,我国建立国家职业资格证书框架体系,可以借鉴英国经验,开发学习者学习成效信息保存的数字平台,终身记录并保存学习者的教育培训经历信息,方便学习者、教育供给机构、人力资源市场等相关方,在线查阅、了解学习者的学习经历和学习成效。

(三)推动考评方式向成果导向转变

英国外部资格证书的考评以学习成果为导向,不强调学习的方式、途径,只以学习者经过学习过程后所理解、掌握和能够达到的实际能力为标准来衡量其学习效果。这种成果导向的理念,体现在考评的设计、路径、模式和方法等各个环节,尤其是应用了在线测试、计算机考评、在线文件包等电子考评的方法,为考生、教师以及管理者都提供了极大便利。21 世纪,现代信息技术的迅猛发展推动了传统学习教育模式的变革,也必将推动传统的考评模式改革。我国要建立国家职业资格证书框架体系,搭建终身教育的学习平台，就应该适度推广在线测试、计算机考评等现代考评手段，增加学习者的考试机会并提高考试效率。在线测试，考生只需要登录自己的账户就可以获得对应的试卷，考生考试完毕甚至答题完毕随即获得自己的考试成绩，大大减少了组织统一考试的成本，也提高了考试的效率。计算机考评，特别有利于职业资格证书的技能考试，考生的现场操作实况，通过高清摄像机传输到计算机，考官无须亲临现场就可根据考生的视频打分，不仅降低了考试成本而且视频储存也有利于成绩复核。

参考文献

一、中文专著类

[1] 西蒙·马金森.澳大利亚教育与公共政策[M].严慧仙,洪森,译.杭州:浙江大学出版社,2007.

[2] 于尔根·施瑞尔.比较教育中的话语形成[M].郑砚秋,译.北京:北京大学出版社,2011.

[3] D.亚当斯.教育大百科全书——比较教育与国际教育[M].朱旭东,译.重庆:西南师范大学出版社,2011.

[4] 德里克·博克.走出象牙塔——现代大学的社会责任[M].徐小洲,陈军,译.杭州:浙江教育出版社,2001.

[5] 菲利普·G.阿特巴赫.高等教育变革的国际趋势[M].蒋凯,译.北京:北京大学出版社,2009.

[6] 克拉克·克尔.高等教育不能回避历史——21 世纪的问题[M].王承绪,译.杭州:浙江教育出版社,2001.

[7] 埃德蒙·金.别国的学校和我们的学校:今日比较教育[M].王承绪,邵珊,李克兴,译.北京:人民教育出版社,2001.

[8] 贝磊,鲍勃,梅森.比较教育研究:路径与方法[M].李梅,译.北京:北京大学出版社,2010.

[9] G.西蒙斯.网络时代的知识和学习——走向连通[M].詹青龙,译.上海:华东师范大学出版社,2009.

[10] 保尔·朗格朗.终身教育引论[M].周南照,等,译.北京:中国对外翻译出版公司,1985.

[11] 马尔科姆·泰特.高等教育研究进展与方法[M].侯定凯,译.北京:北京大学出版社,2007.

[12] 陈列.市场经济与高等教育——一个世界性的课题[M].北京:人民教育出版社,1998.

[13] 陈时见,徐辉.比较教育的学科发展与研究方法[M].北京:商务印书馆,2006.

[14] 陈时见.教育研究方法[M].北京:高等教育出版社,2007.

[15] 陈宇.技能职业资格证书:技术与实践[M].北京:海洋出版社,2006.

[16] 戴晓霞,莫家豪,谢安邦.高等教育市场化[M].北京:北京大学出版社,2004.

[17] 丹·英博,等.教育政策基础[M].史明洁,译.北京:教育科学出版社,2003.

[18] 邓泽民,张扬群.现代四大职教模式[M].北京:中国铁道出版社,2011.

[19] 丁兴富.远程教育学[M].北京:北京师范大学出版社,2001.

[20] 方展画,刘辉,傅雪凌.知识与技能——中国职业教育60年[M].杭州:浙江大学出版社,2009.

[21] 冯晋祥.中外高等职业技术教育比较[M].北京:高等教育出版社,2002.

[22] 冯增俊,陈时见,项贤明.当代比较教育学[M].北京:人民教育出版社,2008.

[23] 弗兰斯·F.范富格特.国际高等教育政策比较研究[M].王承绪,译.杭州:浙江教育出版社,2013.

[24] 顾明远.比较教育导论——教育与国家发展[M].北京:人民教育出版社,1998.

[25] 国家教育发展研究中心.发达国家教育改革的动向和趋势(第四集)[M].北京:人民教育出版社,1992.

[26] 何致瑜.国际教育政策发展报告[M].天津:天津人民出版社,2007.

[27] 贺国庆,王保星,朱文富.外国高等教育史[M].北京:人民教育出版社,2003.

[28] 黄立志.制度生成与变革:澳大利亚技术与继续教育(TAFE)历史研究[M].天津:南开大学出版社,2013.

[29] 黄尧.学历证书与职业资格证书相互转换的理论与实践研究[M].北京:高等教育出版社,2007.

[30] 技能促进增长——英国国家技能战略[M].鲁昕,译.北京:高等教育出版社,2010.

[31] 姜大源.当代德国职业教育主流教育思想研究[M].北京:清华大学出版社,2007.

[32] 姜大源.当代世界职业教育发展趋势研究[M].北京:电子工业出版社,2012.

[33] 姜大源.职业教育学研究新论[M].北京:教育科学出版社,2007.

[34] 匡瑛.比较高等职业教育:发展与变革[M].上海:上海教育出版社,2006.

[35] 劳动和社会保障部培训就业司职业技能鉴定中心.国家职业技能鉴定教程[M].北京:北京广播学院出版社,2003.

[36] 李继延,等.中外职业教育体系建设与制度改革比较研究[M].上海:复旦大学出版社,2014.

[37] 陈丽.远程教育[M].北京:高等教育出版社,2011.

[38] 联合国教科文组织总部中文科.教育——财富蕴藏其中[M].联合国教科文组织总部中文科,译.北京:教育科学出版社,1996.

[39] 联合国教育、科学及文化组织(UNESCO).亚洲和太平洋地区的哲学教学和研究[M].中国社会科学院哲学研究所翻译组,译.北京:社会科学文献出版社,1988.

[40] 刘春生,徐长发.职业教育学[M].北京:教育科学出版社,2002.
[41] 刘复兴.教育政策的价值分析[M].北京:教育科学出版社,2003.
[42] 刘育锋.面向世界的职业教育新探索[M].北京:北京理工大学出版社, 2009.
[43] 吕鑫祥.高等职业技术教育研究[M].上海:上海教育出版社,1998.
[44] 吕忠民.职业资格制度概论[M].北京:中国人事出版社,2011.
[45] 马大鸣.美、英、澳教育管理前沿图景[M].北京:教育科学出版社,2004.
[46] 闵维方.高等教育运行机制研究[M].北京:人民教育出版社,2002.
[47] 潘懋元,王伟廉.高等教育学[M].福州:福建教育出版社,2013.
[48] 潘懋元.高等教育大众化的理论与政策[M].福州:福建教育出版社,2004.
[49] 石伟平.比较职业技术教育[M].上海:华东师范大学出版社,2001.
[50] 石伟平,匡瑛.比较职业教育[M].北京:高等教育出版社,2012.
[51] 石伟平.时代特征与职业教育创新[M].上海:上海教育出版社,2006.
[52] 经济合作与发展组织.教育政策分析 2005—2006:聚焦高等教育[M].清华大学教育研究所,译.北京:教育科学出版社,2008.
[53] 陶秋燕.高等技术与职业教育的专业和课程[M].北京:科学出版社,2004.
[54] 滕大春.外国教育通史(1—6卷)[M].济南:山东教育出版社,1989.
[55] 王承绪,顾明远.比较教育[M].北京:人民教育出版社,1999.
[56] 王承绪,徐辉.战后英国教育研究[M].南昌:江西教育出版社,1992.
[57] 王承绪.比较教育学史[M].北京:人民教育出版社,1999.
[58] 王桂.当代外国教育:教育改革的浪潮与趋势[M].北京:人民教育出版社,1995.
[59] 吴雪萍.国际职业技术教育研究[M].杭州:浙江大学出版社,2004.
[60] 吴遵民.教育政策国际比较[M].上海:上海教育出版社,2009.

[61] 西蒙·马金森.现代澳大利亚教育史——1960 年以来的政府、经济与公民[M].沈雅雯,周小红,蒋欣,译.杭州:浙江大学出版社,2007.
[62] 谢立中.西方社会学名著提要[M].南昌:江西人民出版社,1998.
[63] 徐国庆.职业教育课程论[M].上海:华东师范大学出版社,2008.
[64] 徐涵,高鸿.中外职业教育体系比较研究[M].沈阳:东北大学出版社,2005.
[65] 杨进.论职业教育创新与发展[M].北京:高等教育出版社,2004.
[66] 翟海魂.英国中等职业教育发展研究[M].北京:高等教育出版社,2005.
[67] 詹姆斯·杜德斯达,弗瑞斯·沃马克.美国公立大学的未来[M].刘济良,译.北京:北京大学出版社,2006.
[68] 张建新.高等教育体制变迁研究——英国高等教育从二元制向一元制转变探析[M].北京:教育科学出版社,2006.
[69] 全球教育发展的历史轨迹——国际教育大会 60 年建议书[M].赵中建,译.2 版.北京:教育科学出版社,2005.

[70] 郑富芝,范文曜.高等教育发展政策国别报告[M].北京:教育科学出版社,2002.
[71] 中央教育科学研究所教育情报研究室.当代外国教育发展趋势[M].北京:教育科学出版社,1986.
[72] 钟志贤.信息化教学模式[M].北京:北京师范大学出版社,2006.
[73] 朱旭东.教师专业发展理论研究[M].北京:北京师范大学出版社,2011.

二、中文论文类

[1] 臧志军.职业教育国家制度比较的研究[D].上海:华东师范大学,2013.
[2] 康瑜.高等教育全球化:一个全球地方化视角的解读[D].上海:华东师范大学,2008.

[3] 吕红.澳大利亚职业教育课程质量保障的研究[D].重庆:西南大学,2009.

[4] 孙冬喆.中国学分银行制度建设研究[D].上海:华东师范大学,2014.

[5] 孙宏伟.英国地方自治体制研究[D].天津:南开大学,2014.

[6] 唐菲菲.宪法、宪政与民主——对英国宪政历史和理论的批判性研究[D].天津:南开大学,2014.

[7] 王朝霞.职业教育与职业资格证书制度有效沟通研究[D].武汉:湖北工业大学,2011.

[8] 王会莉.双证融通在我国高等职业院校的实施——问题、成因及对策研究[D].上海:华东师范大学,2006.

[9] 王立科.英国高等院校招生考试研究[D].厦门:厦门大学,2007.

[10] 肖先明.中世纪至近代早期英国贵族社会地位的变化及其文学形象的嬗变研究[D].武汉:华中师范大学,2014.

[11] 张良.职业素质本位的高职教育课程建构研究[D].长沙:湖南师范大学,2012.

三、中文期刊类

[1] 何齐宗.全球视野的终身教育理念——联合国教科文组织教育文献研究之一[J].江西师范大学学报(哲学社会科学版),2008(2):124.

[2] 孙昭磊.美国终身教育的特色[J].成人教育,2010(6):95.

[3] 蔡廷伟,仲红俐.国外终身教育行政政策分析与思考[J].广播电视大学学报(社会科学版),2011(1):103.

[4] 张建平,王华轲.德国终身教育的发展及其对我国的启示[J].继续教育研究,2004(2):83.

[5] 崔世广.日本终身教育的特征及启示[J].民族教育研究,2006(4):67,70.

[6] 胡海云.英国终身教育发展的特点探略[J].湖北大学成人教育学院学

报,2003(1):30.
[7] 刘建伟,李家永.1997 年以后英国终身学习的政策及实践[J].比较教育研究,2008(1):37.
[8] 周西安.我国终身教育体系的内容结构与建构原则[J].职业技术教育,2011(22):36.
[9] 樊大跃.国家资格证书体系与终身教育[J].教育探索,2006(6):29.
[10] 吴雪萍,汪鑫.发达国家实施职业资格证书制度的经验及启示[J].职教论坛,2010(13):86.
[11] 关晶.从 NQF 到 QCF:英国资格框架改革的新进展[J].江苏技术师范学院学报,2009(10):77-79.
[12] 匡瑛.英、澳国家资格框架的嬗变与多层次高职的发展[J].高等工程教育研究,2013(4):123.
[13] 赵昕,严璇.发达国家资格框架发展最新态势及启示[J].教育与职业,2012(29):19-20.
[14] 董显辉.英国资格与学分框架研究与汲取[J].中国职业技术教育,2013(9):59-60.
[15] 辛欣.英国高中阶段普职融合下的课程模式概况与启示[J].教学与管理,2016(9):119.
[16] 张晓慧.《西方国际关系理论思潮》专题之五“第三条道路”理论[J].国际资料信息,2002(11):35-36.
[17] 阚阅.欧洲资格框架解析[J].教育发展研究,2009(19):64.
[18] 曾满超,等.美国、英国、澳大利亚的高等教育国际化[J].北京大学教育评论,2009(4):86.
[19] 石伟平,徐哲岩.新职业主义:英国职业教育新趋势[J].外国教育资料,2000(3):49.
[20] 徐学莹,肖家榍.英国 QCA 的成立及统一的资格证书体系建设的最新发展[J].外国教育研究,1999(2):43.
[21] 刘阳.图解英国国家资格框架之改革进程[J].职业技术教育(教科

版）,2006(25)：81-82.

［22］张文军.英国14~19岁普通教育考试制度与高校入学机制的关系研究［J］.比较教育研究,2004(7)：47-51.

［23］王璐,王向旭.英国普通中等教育证书(GCSE)考试现状与改革趋势研究［J］.外国中小学教育,2014(4)：61.

［24］沈雕.比较与借鉴：英国GCE证书与我国高职招考改革［J］.职教论坛,2017(3)：95.

［25］邵元君,匡瑛.全纳的创新资格框架：英国的QCF［J］.外国教育研究,2011(10)：72.

［26］范心忆.英国资格与学分框架(QCF)对职业教育双证融通的启示［J］.职教通讯,2013(28)：51.

［27］匡瑛.我们高估了英国国家资格框架［J］.江苏教育,2012(1)：19.

四、外文类

［1］Allais S. The rise and fall of the NQF: A critical analysis of the South African National Qualifications Framework［D］. Johannesburg: University of the Witwatersrand, 2007.

［2］Allais S. The implementation and impact of National Qualifications Frameworks: Report of a study in 16 countries［J/OL］. http://www.ilo.org/wcmsp5/groups/public/@ed_emp/@ifp_skills/documents/meeting-document/wcms_126589.pdf, 2015.

［3］Allais S. National qualifications frameworks: what's the evidence of success? Edinburgh: Center for Education Sociology-University of Edinburgh.(CESBriefing, No 55).［J/OL］. http://www.ces.ed.ac.uk/PDF%20Files/Brief055.pdf, 2015.

［4］Australia Qualifications Framework Council (AQFC). Strengthening the AQF: Aproposal, Consultation paper［M］. Adelaide, 2009.

[5] Behringer F, Coles M. The Role of National Qualifications Systems in Promoting Lifelong Learning [N].OECD Educational Working Paper, 2003.

[6] Bologna Process Coordination Group for Qualifications Frameworks. Report on Qualifications Frameworks[R]. Strasbourg: Council of Europe, 2009.

[7] City & Guilds. A guide to assessing city and guilds qualifications in health, health and social care and the children and the young people's wokeforce [EB/OL]. http://cdn. cityandguilds. com / Product Documents / Health_and_Social_Care / Health /3576/Additional_documents / Assessment_guide.

[8] City & Guilds. Assessor Guidance Health and Social Care To include Health, Health and Social Care and Children and Young People's Workforce (CYPW)[Z]. 2012.

[9] City & Guilds. Level 3 Award in Requirements for Electrical Installations BS7671[Z]. 2008.

[10] City & Guilds. Level 4 Certificate in Technology in Learning Delivery [Z].2011.

[11] City & Guilds. Level 3 Advanced Technical Certificate/Foundation Dimploma/Dimploma in Digital Technologies[Z].2015.

[12] City & Guilds. 3084 Level 2/3 Award & Certificate in Stroke Care [Z].2012.

[13] Coles, M.The NQF and evaluative statement[R]. London:QCA,2000.

[14] Coles M. and T. Oates, European Reference Levels for Education and Training: Promoting Credit Transfer and Mutual Trust[R]. Luxembourg: Office for Official Publications of the European Communities,2004.

[15] Commission of the European Communities. Towards a European qualifications framework for lifelong learning[R].Brussels: Commission of the European Communities,2005.

[16] David Matheson, Catherine Matheson. Acritique Research in Post-Compulsory Education [J]. Lifelong Learning and Lifelong Education, 1996

(2):219-236.

[17] David Woodgate. I AM Awarded QCA Accreditation[J]. The British Journal of Administrative Management,2006(5):39.

[18] Department for Education and Skills UK. The Role of National Qualifications Systems in Promoting Lifelong Learning, Background Report for the United Kingdom [R]. London,2003.

[19] Dr Dick Evans. The History of Technical Education[M]. Cambridge: MagazineLtd,2007.

[20] Department for Education UK. English language GCSE subject content and assessment objectives[Z].2013.

[21] European Commission. European Credit Transfer and Accumulation System (ECTS) [EB/OL]. http: //ec.europa.eu /education /lifelong-learning-policy/doc48_en.htm, 2014.

[22] Isabelle Le Mouillour. Potentials for Change in Education and Training through Interactions between Credit Systems and Qualifications Frameworks[J]. Journal of European Industrial Training,2008(3):25.

[23] ILO. National Qualifications frameworks: their feasibility for effective implementation in developing countries [R]. Geneva : International Labour Office, 2005.

[24] ILO. Introductory guide to National Qualifications Frameworks [R]. Geneva: International Labour Office,2006.

[25] JCQ. Notice to Centres-release of general qualification results June 2017 examinations[Z].2015.

[26] Kogan Page.British Qualifications[M]. London: kogan page Limited,2006.

[27] Mike Coles. A Review of International and National Developments in the Use of Qualifications Frameworks[R]. Amsterdam :the European training foundation,2006.

[28] Natalia Cuddy, Tom Leney. Vocational education and training in the

United Kingdom[M]. Luxembourg: Office for Official Publications of the European Communities, 2005.

[29] Northern Ireland Credit Accumulation and Transfer System Credit Equivalence Project. Panel Report of Credit Equivalence values for Level 3 Mechanical / Manufacturing Engineering Qualifications[R].2001.

[30] Ofqual. Comparing Qualifications Levels[EB/OL].http://ofqual.gov.uk/help-and-advice/comparing-qualifications/.

[31] Ofqual. Criteria for Functional Skills Qualifications[Z].2012.

[32] Ofqual. GCE AS and A Level Subject Criteria for Art and Design [Z].2011.

[33] Ofqual. Regulatory arrangements for the Qualifications and Credit Framework[Z].2008.

[34] OCR. ocr-for exams-officers[EB/OL]. http://www.ocr.org.uk/ocr-for/exams-officers/stage-1-preparation.

[35] OCR. ocr-for exams-officers[EB/OL]. http://www.ocr.org.uk/ocr-for/exams-officers/stage-2-entries.

[36] OCR. ocr-for exams-officers[EB/OL]. http://www.ocr.org.uk/ocr-for/exams-officers/stage-3-assessment.

[37] OCR. ocr-for exams-officers[EB/OL]. http://www.ocr.org.uk/ocr-for/exams-officers/stage-4-results.

[38] OCR. ocr-for exams-officers[EB/OL]. http://www.ocr.org.uk/ocr-for/exams-officers/stage-5-post-results-services.

[39] OCR. ocr-for exams-officers[EB/OL]. http://www.ocr.org.uk/ocr-for/exams-officers/stage-6-certificates.

[40] OECD. Qualifications Systems: Bridges to Lifelong Learning. Education and Training Policy[J]. http://213.253.134.43/oecd/pdfs/browseit/9107031E.pdf, 2014.

[41] Pearson Education Limited.Specification Applied GCE[Z].2013.

[42] QCA. NVQ code of practice[Z].2006.

[43] QCA. Arrangements for the statutory regulation of external qualifications in England, Wales and Northern Ireland[Z].2000.

[44] QCA. The statutory regulation of external qualifications in England, Wales and Northern Ireland[Z]. London, 2004.

[45] QCA. The National Qualifications Framework: Helping Learners make in for meddecisions[R/OL]. http://www.qcda.gov.uk/libraryAssets/media/qca-06-2298-nqf-web. pdf, 2006.

[46] Ron Tuck. An Introductory Guide to National Qualifications Frameworks [M]. Geneva: International Labour Office, 2007.

[47] Raffe, D., Simplicity itself: the creation of the Scottish credit and qualifications framework, National Qualifications frameworks as a global phenomenon: a comparative perspective [J]. Journal of Education and Work, 2003(3).

[48] Skill Funding Agency. Extended Privacy Notice[Z].2015.

[49] Tom Karmel, Tham Lu. Degree or Advanced Diploma-A Case Study [R]. National Centre for Vocational Education Research, 2015.

[50] The Recognition of Non-formal and Informal Learning in Australia. Country Background Report Prepared for the OECD Activity on Recognition of Non-formaland Informal Learning[R]. 2014.

[51] Tim May. Social Research: issues, method and process (third edition) [M]. Buckingham: Open University Press, 2001.

[52] UK. Education Act 1997[Z].1997.

[53] Vincent McBride · James Keevy. Is the national qualifications framework a broken promise? [J]. Springer Science + Business Media B. V, 2010 (11):49.

[54] Young, M. National Qualifications frameworks as a global phenomenon: a comparative perspective[J].Journal of Education and Work, 2003(6).

[55] Young, M. Qualifications Frameworks: some conceptual [J]. European Journal of Education, 2007(4).

[56] Yu, C. P., Kao, A. P., Lin, Y. J. Effect of the Development of Taiwan's National Qualifications Framework on Higher Education and Vocational Education Policy [R]. International Conference on Business And Information 2010. Japan, Kitakyushu, 2010.

附录　重要制度、报告名称的英汉对照

(一)法规制度

Arrangements for the Statutory Regulation of External Qualifications in England, Wales and Northern Ireland(2000)　英格兰、威尔士和北爱尔兰外部资格证书管理规定(2000)

Criteria for National Vocational Qualifications (NVQs)　国家职业资格证书标准

Criteria for English for Speakers of other Languages (ESOL) Qualifications　非母语的英语证书标准

Criteria for GCE AS and A-level Qualifications　普通教育副 A 水平和 A 水平证书标准

Criteria for Functional Skills Qualifications　基础技能证书标准

Education Act 1997　1997 年教育法案

Education (Northern Ireland) Order 1998　1998 年北爱尔兰教育法案

General Conditions of Recognition　资格证书认证通用标准

GCE Subject Level Conditions and Requirements for Art and Design　普通教育应用与设计证书管理规定

GCSE Qualification Level Conditions　普通中等教育证书等级标准

GCE Qualification Level Conditions　普通教育证书等级标准

Instructions for Conducting Examinations 1 September 2015 to 31 August 2016　2015—2016 学年考试指南

Learning and Skills Act 2000　2000 年学习与技能法案

Level 4 Certificate in Technology in Learning Delivery（7526-04）　学习传输电子技术 4 级证书规定

Level 3 Advanced Technical Certificate/Foundation Diploma/Diploma in Digital Technologies（5220-30/31/32）　数字技术 3 级高级证书/基础文凭/文凭规定

NVQ Code of Practice　国家职业资格证书实施规则

Operating Rules for Using the Term 'NVQ' in a QCF Qualification Title　资格与学分框架体系中国家职业资格证书的管理条例

Regulatory Arrangements for the Qualifications and Credit Framework　资格与学分框架体系管理规定

Regulatory Document List　管理文件清单

Specification GCE Mathematics　普通教育证书数学学科指南

The Framework for Qualifications of Higher Education Institutions in Scotland　苏格兰高等教育资格证书框架体系

The Framework for Higher Education Qualifications in England, Wales and Northern Ireland　英格兰、威尔士和北爱尔兰高等教育资格证书框架体系

The Statutory Regulation of External Qualifications in England, Wales and Northern Ireland(2004)　英格兰、威尔士和北爱尔兰外部资格证书管理规定(2004)

(二)重要报告

An Update on the Reforms Being Made to AS Qualifications and A Levels　副 A 水平和 A 水平证书改革的进展报告

Annual Qualifications Market Report England, Wales and Northern Ireland 2012/13 Academic Year　2012/13 学年英格兰、威尔士和北爱尔兰资格证书市场年度报告

Annual Qualifications Market Report 2013　2013 年资格证书市场年度报告

A Review of International and National Developments in the Use of Qualifications Frameworks　国际国内资格证书框架体系开发报告

An Introductory Guide to National Qualifications Frameworks　国家资格证书框架体系构建指南

National Skills Strategy (2009): Equality Impact Assessment　国家技能战略(2009):平等影响评估

Options for the NQF in South Africa　南非国家资格证书框架体系的选择

Skills for Growth: The National Skills Strategy　技能促进增长:国家技能战略

Skills Investment Strategy (2010-2011)　技能投资战略(2010—2011)

The Role of National Qualifications Systems in Promoting Lifelong Learning　国家资格证书制度在提升终身学习中的作用

The National Skills Strategy: Analytical Paper　国家技能战略:分析性文件

Vocational Education and Training in the United Kingdom　英国职业教育与培训报告

World Class Skills: Implementing the Leith Review of Skills in England　世界一流技能:英格兰实施里奇技能报告

21st Century Skills: Realising Our Potential　21 世纪的技能:实现英国的潜能